未来を切り開く学力
シリーズ

本多式
中学英語マスター
反復基礎

小5〜中3

東京都・千代田区立九段中等教育学校教諭

本多敏幸
（ほんだ　としゆき）

文藝春秋

本多式中学英語マスターの見取り図

「未来を切り開く学力シリーズ　本多式中学英語マスター」は全3冊で、初めて英語にふれる小学5年生から高校入試の上位校レベルまで、家庭学習だけで到達できるように作られたシリーズです。下の図を参考に自分のレベルや目的に合った本から始めましょう。

反復基礎　小5～中3

対　象	● 小学5年生から（初めて英語を学ぶ人、英語が苦手な人） ● 『短文英単語』を難しいと感じたすべての人
特　長	● 英語を初めて学ぶ人のために、すべての英語の基礎（きそ）となる32の基本文を徹底反復（てっていはんぷく） ● CDを聞いて、音読して、書いて覚える
身につく力	①アルファベットの読み書き ②短い英文を正しく聞きとるリスニング力 ③中1レベルの単語力 ④中1レベルの文法力 ⑤身の回りの出来事を英文で表現できるライティング力

↓

短文英単語　中1～中3

対　象	● すべての中学生（日常学習から高校入試対策まで） ● やり直し英語の教材としても最適
特　長	● 入試によく出る300の英単語を180の短文にまとめた ● CDを聞いて、音読して、書いて覚える ● これ1冊で中学で学ぶ英語の学習事項は完璧（かんぺき）に
身につく力	①高校入試で必要なほとんどすべての単語力 ②入試の聞き取り問題で満点がとれるリスニング力 ③スピーキング力の基礎となる音読力 ④入試の英作文問題に対応できるライティング力 ⑤中学で学ぶすべての文法事項を網羅（もうら）した文法力

↓

速読長文　中1～中3

対　象	● 高校入試をひかえた中学生 ● 長文読解が苦手な人
特　長	● 入試で必要な速読力を身につけるための唯一（ゆいいつ）の問題集 ● 20語程度のごく短い英文から500語レベルの入試長文まで、段階を追って無理なく学習できる
身につく力	①さまざまな形式の英文を読む力 ②英文を1分間に60語以上のスピードで読む力 ③長文の概略（がいりゃく）をつかむ力 ④探したい情報を長文の中からすばやく見つけ出す力 ⑤さまざまなタイプの設問に対応する力

未来を切り開く学力シリーズ　本多式 中学英語マスター　反復基礎

刊行によせて

東京都・千代田区立九段中等教育学校教諭　本多敏幸（ほんだとしゆき）

　私のホームページ（http://homepage3.nifty.com/toshiyuki-honda/）の掲示板には多くの方から投書があり、またメールも数多くいただいています。その多くは英語学習における相談ごとです。シリーズの読者のみなさんとのやりとりの中で、「基礎となる練習を行えば、もっと伸びるのに」と思ったことがたびたびありました。また、高校入試の英語力をカバーする『本多式中学英語マスター　短文英単語』はちょっと難しい、基本的なことをもっと行いたいという要望もたくさんいただきました。

　『本多式中学英語マスター　反復基礎』は、こうした要望に応えるためにつくりました。英語を初めて学ぶ小・中学生はもちろん、英語が苦手な人でも、本書をくり返し学習することで、絶対に欠かせない英語の基礎力を身につけることができます。

　英語の基礎とは何でしょう？

> ・文の中での語の位置がわかる【語順】
> ・動詞を必要に応じて変化させられる【動詞の変化】

　この２つが英語の基礎中の基礎となります。これらがわからなければ、自分で英文をつくれるようにはなれません。

　この『反復基礎』ではそうした英語の基礎力をつけるための、誰にでもできるメソッド（やり方）を採用しています。

　それはパタン・プラクティスという方法です。たとえば、こんな感じです。

　　I am a student.（私は生徒です。）

という基本文を、まずくり返し暗唱（あんしょう）して覚えます。
　次に、「私」をたとえば「ケン」に変えていくのです。そうすると、

　　Ken is a student.（ケンは生徒です。）

となります。

これを何度も暗唱します。こうして文の一部を変えると、文の他の要素（動詞など）が変わることがわかります。また、何度も暗唱することで、英語の語順も習得できます。すなわち、文のきまり（文法）が自然と身についていくのです。

　この『反復基礎』では、1日のレッスンを見開き2ページにおさめてあります。ここには、1つの基本文と、その基本文を少しずつ変化させた10の英文があります。学習方法は単純です。

> ① まず基本文を聞いて、言ってみる。
> ② 10の英文を聞いて、言う。（パタン・プラクティス）
> ③ 基本文と10のパタン・プラクティスの英文をノートに書く。

　以上をくり返すのです。ここで大事なのは、何度もくり返し、徹底的にたたきこむことです。全部で32レッスンですから、ほぼ1カ月で一巡するわけですが、2度、3度とくり返してみてください。

　パタン・プラクティスは地味な活動です。野球で言えばキャッチボールのようなものです。一流の野球選手ほど時間をかけ、ていねいにキャッチボールを行います。キャッチボールが野球の基礎・基本であることがわかっているからです。このパタン・プラクティスで基本的な英文を頭にたたきこんで初めて、英語を話したり、書いたりすることができるようになるのです。

　そして、この方法はやがてみなさんが経験することになる高校受験や大学受験の近年の試験の傾向にも合致したやり方なのです。
　たとえば、公立高校の試験の場合、1970年代まで問われていたような直接文法の知識を問うような問題は出題されなくなりました。その代わりに問われるのは、1文を並びかえて語順を問う問題や、「あなたについて」「クラスについて」などテーマを与えられて、5文程度の英語で表現するという自由英作文の力です。こうした問題には、かつてのように文法書を読んだり、単語帳をつくって単語だけを覚えたりというやり方ではたちうちできないのです。
　パタン・プラクティスによって基礎をきたえた人はこうした問題に強いのです。そして、入試が見ようとしている「英語を自由に表現できる力」とは、実はあなたたちが社会にでたときに、もっとも強い武器になるのです。その一歩はこの本から始まります。さあ、いっしょに始めましょう。

この本の使い方

この問題集の特長

①英語を初めて学ぶ人のために32の基本文を選んだ。1日1文×32レッスンで英語の基礎をマスターする。

②1つの基本文に対して10のパタン・プラクティスを用意。表現の幅がグンと広がる。

③基本文、パタン・プラクティスをすべてCDに収録。CDを聞いて、音読して、書いて覚えることで、リスニング力、スピーキング力、ライティング力を同時にきたえる。

④章末テスト、最終確認テストできちんと覚えたかどうかをチェック。間違えた問題は、レッスンに戻ってすぐに復習できる。

最初にやること

これだけは覚えよう! 発音篇

CDに授業が収録されています。CDを聞きながら、英語の発音の基礎を身につけましょう。

これだけは覚えよう! 書写篇

アルファベットの書き方や英文を書くときの注意点がまとめてあります。レッスンに入る前に取り組んでください。

これだけは覚えよう! 知識篇

英語と日本語は違います。レッスンに入る前に、その違いを読んで理解しておきましょう。

毎日やること

基本文
すべての基礎となる例文。CDを聞いて、音読して、書いて覚える。

CDトラックナンバー
CDプレーヤーの番号をこのナンバーにあわせる。

Lesson 1 I am Suzuki Taro.

学習日 1回目 / 2回目 / 3回目

基本文「私は△△です。」 CD 4

I am Suzuki Taro.（私は 鈴木 太郎） 私は鈴木太郎です。

基本文の解説
- [I am△△.] で「私は△△です。」という意味になる。
- △△には「私のことを説明する語句（下の赤字部分）」が入る。

パタン・プラクティス CD 5

① I am Ken.	私はケンです。
② I am a student.	私は生徒です。
③ I am a junior high school student.	私は中学生です。
④ I am a soccer fan.	私はサッカーのファンです。
⑤ I am a music fan.	私は音楽のファンです。
⑥ I am eleven.	私は11歳です。
⑦ I am twelve.	私は12歳です。
⑧ I am tall.	私は背が高いです。
⑨ I am fine.	私は元気です。
⑩ I am hungry.	私は腹ペコです。

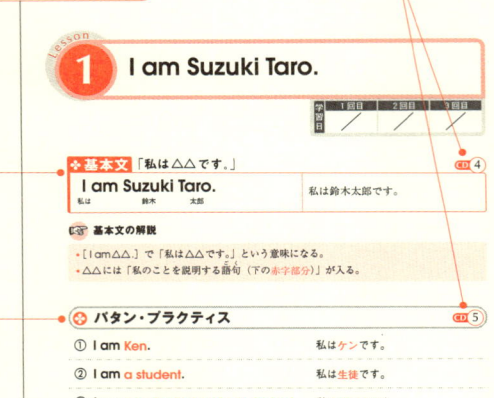

パタン・プラクティス
基本文の理解を深める例文。すべてCDに収録してある。

ステップ1
基本文のCDを聞く（上の例ではCD4）。音声の指示にしたがって聞き、まねして発音する。

ステップ2
パタン・プラクティスのCDを聞く（上の例ではCD5）。CDの音をまねして、文字を見ながら発音する。

> CDの使い方でわからないことがあれば、お家の人に聞きましょう。
> テキストでわからないことがあれば、学校の先生に聞きましょう。
> わからないということは、はずかしいことではありません。
> 質問することで理解も深まります。

（1日30分×32レッスン）

基本文の確認
基本文で学んだ英語をしっかり書けるようにする。

なぜだろう？何だろう？
英語を初めて学ぶ人が疑問に感じる項目を解説。質問に答えて、文法力もアップ。

チェックテスト
そのレッスンで学んだパタン・プラクティスの例文から出題。覚えたかどうか確認しよう。

ステップ3
基本文とパタン・プラクティスの全文を、1文ずつ音読した後でノートに書き写す。

ステップ4
左ページをかくして、基本文の確認とチェックテストをノートに書く。

章の終わりにやること

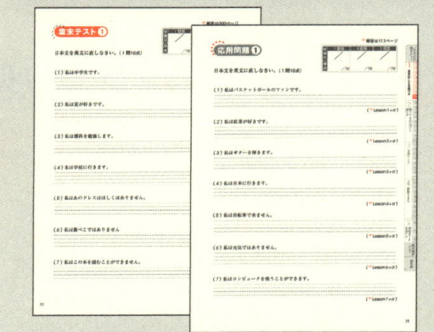

章末テストは各レッスンで学んだパタン・プラクティスの例文をそのまま出題。応用問題はそれまでに出てきた単語を使って別の文を作ります。

最後にやること

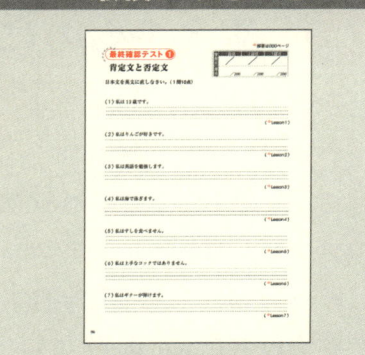

> 間違えた問題は、もう一度そのレッスンに戻って復習します。

目次

本多式中学英語マスターの見取り図	1
『未来を切り開く学力シリーズ　本多式中学英語マスター　反復基礎』刊行によせて	2
この本の使い方	4
これだけは覚えよう！　発音篇	8
これだけは覚えよう！　書写篇	11
これだけは覚えよう！　知識篇	15
辞書の選び方	17

第1章　自分のことを述べる

Lesson 1	I am Suzuki Taro.	私は△△です。	20
Lesson 2	I like Ichiro.	私は○○が好きです。	22
Lesson 3	I play tennis.	私は○○を〜します。	24
Lesson 4	I swim.	私は〜します。	26
Lesson 5	I don't like dogs.	私は〜しません。	28
Lesson 6	I am not a teacher.	私は△△ではありません。	30
Lesson 7	I can ski.	私は〜することができます。	32
● 章末テスト1			34
● 応用問題1			35

第2章　他人やものについて述べる

Lesson 8	This is my bike.	□□は△△です。（主語が単数）	38
Lesson 9	Miki plays tennis.	□□は〜します。（主語が単数）	40
Lesson 10	These are my books.	□□は△△です。（主語が複数とyou）	42
Lesson 11	Makoto is in Tokyo.	□□は〜にいます／〜にあります。	44
Lesson 12	My sister is playing the piano.	□□は〜しています。（しているところです。）	46
Lesson 13	My father isn't a doctor.	□□は〜ではありません。	48
Lesson 14	Tom doesn't play baseball.	□□は〜しません。	50
Lesson 15	be動詞のまとめ		52
● 章末テスト2			54
● 応用問題2			55

CONTENTS

第3章 質問する①

Lesson 16	Are you a doctor?	あなたは～か。	58
Lesson 17	Are Tom and Mike brothers?	□□は～か。（主語が複数とyou）	60
Lesson 18	Is this a library?	□□は～か。（主語が単数）	62
Lesson 19	Do you like music?	□□は～しますか。（主語がyouと複数）	64
Lesson 20	Does Tom listen to music?	□□は～しますか。（主語が単数）	66
Lesson 21	Can you write Japanese?	□□は～できますか。	68
Lesson 22	Is Ken playing tennis?	□□は～しているところですか。	70

- 章末テスト3　72
- 応用問題3　73

第4章 質問する②

Lesson 23	What is this?	「もの」をたずねる文	76
Lesson 24	When is your test?	「とき」をたずねる文	78
Lesson 25	Where is your computer?	「場所」をたずねる文	80
Lesson 26	Who are you?	「人」をたずねる文	82
Lesson 27	What sports do you play?	「何の（どんな）○○」をたずねる文	84
Lesson 28	How old is this building?	「状態」をたずねる文	86
Lesson 29	Whose is this?	「だれの」「どちらの」をたずねる文	88

- 章末テスト4　90
- 応用問題4　91

第5章 過去のことを述べる

Lesson 30	I played tennis.	□□は～しました。	94
Lesson 31	I didn't play tennis.	□□は～しませんでした。	96
Lesson 32	動詞の変化のまとめ		98

● 最終確認テスト

- 最終確認テスト1──肯定文と否定文　102
- 最終確認テスト2──質問文と応答文　105

● 解答篇

111

これだけは覚えよう！　　　　発音篇

　ここでは、英語の発音で押さえておかなくてはいけない点を、4つにしぼって授業します。
　英語には、日本語にはない発音があります。私たちは日本語の生活になれているので、最初はこうした英語固有の音はなかなか聞き取れないものです。でも自分で発音できるようになると、違いが次第に聞き取れるようになります。まずはざっとCDに入っている授業を聞いてみてください。最初は完全に聞き分けられなくても（自分で発音できなくても）OKです。頭に入れておいて、本編をくりかえし聞いていくと、自然と英語独自の発音を聞き分けられるようになってきます。

❶ アルファベットの発音　　　　CD ①

CDの音声を聞きながら、まねして発音してみましょう。

A	B	C	D	E
F	G	H	I	J
K	L	M	N	O
P	Q	R	S	T
U	V	W	X	Y
Z				

② 間違いやすい発音

CD ②

● 英語の音同士が似ているもの（vとrの発音は日本語にはない）

	①		②	
練習 1	**b**	くちびるをむすんで いきおいよく **best**（一番よい）	**v**	下くちびるを上の歯で 軽くかんで **vest**（ベスト）
練習 2	**s**	上下の歯をつけて 息だけ出して **sea**（海）	**sh**	くちびるを突き出し 四角形にして **she**（彼女は）
練習 3	**l**	舌を上の歯の 裏側につけて **leader**（リーダー）	**r**	くちびるを突き出し 舌を浮かせて （裏側につけない） **reader**（読者）

● 日本語にはない音

練習 4	**f**	下くちびるを上の歯で 軽くかんで **food**（食べ物）
練習 5	**th**	舌を上下の歯にはさみ 息だけ出して **think**（考える）
練習 6	**th**	舌を上下の歯にはさみ 声を出して **this**（これ）

❸ 数字の1〜10の発音

1	one	6	six
2	two	7	seven
3	three	8	eight
4	four	9	nine
5	five	10	ten

これだけは覚えよう! 書写篇

　この問題集では、テキストの英文を自分のノートに写していくという作業がとても大事になります。ここでは、テキストの英文を自分のノートに写すときに早く、正確に写すことが出来るために注意すべき点を整理します。

❶ 活字とブロック体の違い

　みなさんの学校では、英文の書き方としてブロック体を主に習っていることと思います。このブロック体で注意すべきなのは、小文字のaとgです。
　下のように、テキストなどに出てくる活字とブロック体はそれぞれ違います。ブロック体は、活字をより書きやすくしたということがわかるでしょう。

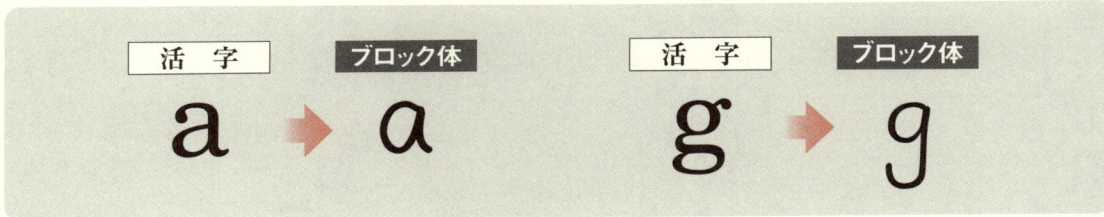

練習問題 1 お手本を参考にしながら書いてみましょう。

a
a a a

g
g g g

アルファベット練習帳

コピーして覚えるまで何度でも練習します

A	B	C
D	E	F
G	H	I
J	K	L
M	N	O
P	Q	R
S	T	U
V	W	X
Y	Z	

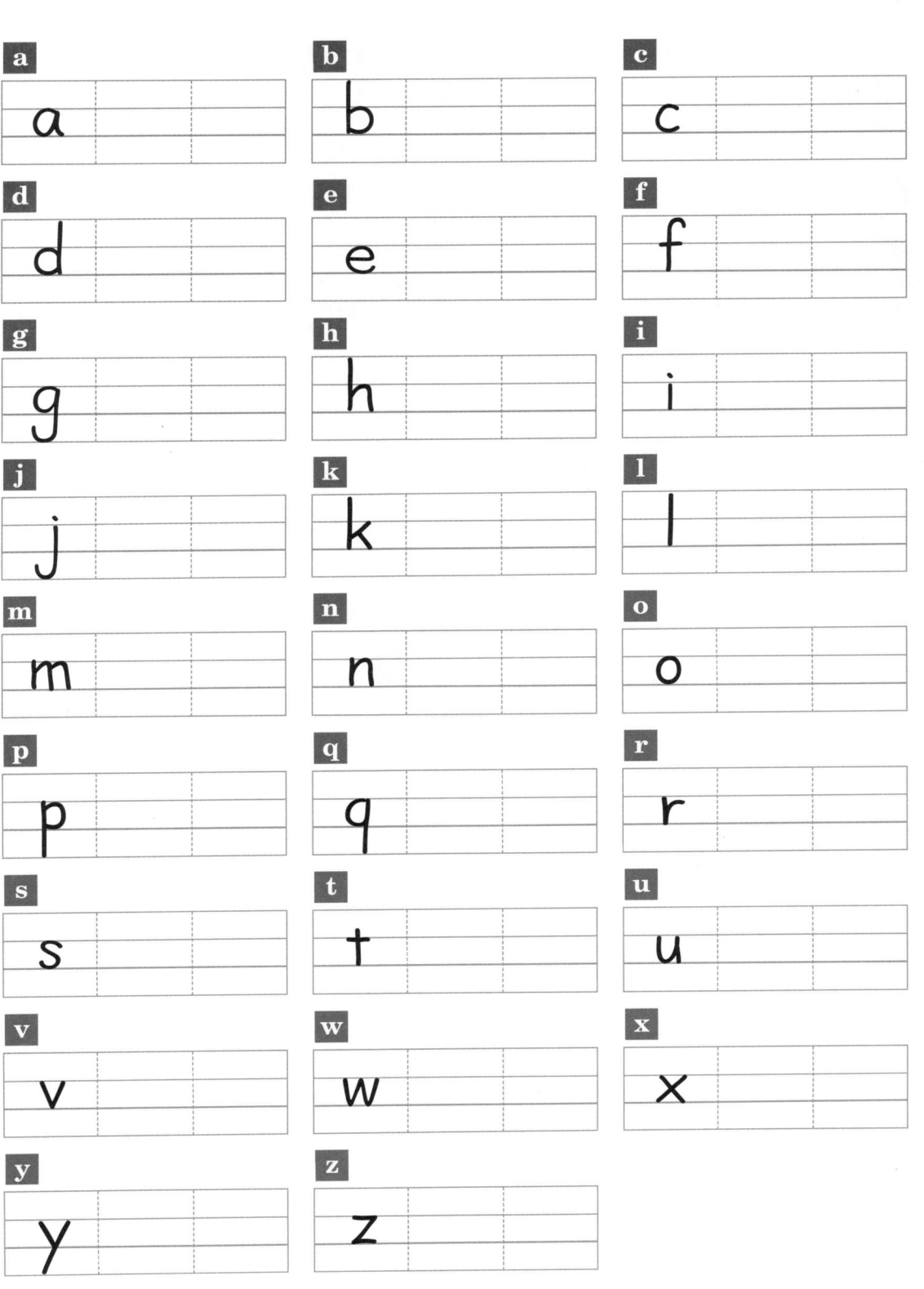

❷ 英文を正確に写す

英文を正確に自分のノートに写すことはとても大事です。
英文は大文字で始まり、単語の間はスペースをあけます。
練習していくうちに、次第に英文を書くスピードは上がっていきます。

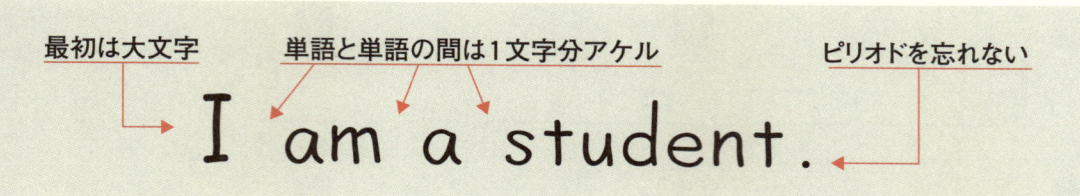

練習問題 2 お手本を参考にしながら書いてみましょう。

I am a student.

> # これだけは覚えよう！   知 識 篇

◎英語と日本語の違いを知ろう！

> **ポイント①** 英語と日本語では、語順が異なる。
> **ポイント②** 英語の動詞は変化する。

❶ 英語と日本語の語順の違い

　日本人が英語を学習するのに難しいと感じる原因の一つは、日本語の語順と英語の語順が異なるからです。語順とは、文の中の語の順番です。

```
日本語  私は    英語を    勉強します
        主語              述語

英　語  私は    勉強します  英語を
        主語    述語動詞
```

　日本語では述語が最後にきます。「私は英語を勉強します。」の「勉強します」が述語です。英語では、主語が最初で、次に述語動詞を置くことになっています。「だれが～する」を最初に述べるのです。

```
日本語  私は    英語を勉強します。
        主語                        ┐
                                    ├ 意味は同じ
日本語  英語を  私は   勉強します。  ┘
                主語

英　語  Nancy likes Ken.（ナンシーはケンのことが好きです。）
        主語

英　語  Ken likes Nancy.（ケンはナンシーのことが好きです。）
        主語
```

　日本語では、主語は助詞によって決まります。「私は」「私が」とあれば、どこであろうと主語になります。英語では、語順によって主語が決まります。最初に出てくるのが主語です。ですから、「Nancy（ナンシー）」と「Ken（ケン）」の場所を入れかえただけで意味が変わってしまうのです。

英語では、「だれが」「だれに」「何を」を決めるのは文の中の語の位置です。したがって、英語の語順を身につけることはとても大切なのです。

❷ 英語の動詞の変化

英語は動詞を中心として考えられている言葉です。動詞の部分を読むだけで、過去のことか未来のことか、主語が単数なのか複数なのかがわかります。動詞は主語や時制（「過去」「未来」などの時間）などによって変化します。

> 日本語 私は図書館に 行きます 。
>
> 英 語 I <u>go</u> to the library.
>
> 日本語 私の兄は図書館に 行きます 。
>
> 英 語 My brother <u>goes</u> to the library.
>
> 日本語 私は図書館に 行きました 。
>
> 英 語 I <u>went</u> to the library.

最初の2つは、日本語の述語はどちらも「行きます」ですが、英語では、主語が I（私は）のときと My brother（私の兄）のときでは動詞の形が異なります。また、「行きました」と過去のことを言うときも、動詞の形が異なります。

動詞はさまざまに変化します。動詞の変化のしかたを中学校から高校にかけて学んでいきます。中学1年生で習う英語にも、すぐに動詞の変化が登場します。どんなときに動詞を変化させるのかを身につけることはとても大切なのです。

辞書の選び方

　英語を学習するためには辞書が必要です。単語の意味を調べるほかにも、辞書を引くことでさまざまなことが学べます。英語について何か疑問があれば、すぐに辞書を引く習慣をつけることが大切です。

　英語の辞書にはさまざまな種類のものがあります。昔からある紙でできた本のタイプのほかに、最近では電子辞書も一般的になってきました。では、辞書にはどのような種類があるのでしょう。

① 目的

英語の辞書にはその目的に応じて、次の3つの種類の辞書があります。

1．英単語の意味・使い方を日本語で説明してある辞書（**英和辞典**）
2．日本語の表現にあたる英語を調べるときに使う辞書（**和英辞典**）
3．英単語の意味・使い方を英語で説明してある辞書（**英英辞典**）

② 難易度

　小学生や中学生の初学者が使う辞書から大学の研究者が使う辞書まで、さまざまな難易度の辞書があります。電子辞書にも初学者向けから研究者向けまでのさまざまな難易度の辞書があります。

ア．中学生用に作られた辞書（「**ジュニア用辞書**」などと呼ばれる）で、語数が限られていて、発音を示すためにカナが使われているものが多い。

イ．高校生以上を対象として作られた辞書（「**学習（英和）辞典**」などと呼ばれる）で、用例や文法の説明が豊富。この中でも難易度が異なる辞書がいくつかある。

ウ．大学生以上を対象として作られた辞書（「**中辞典**」などと呼ばれる）。

　英語を習いたての人には、紙でできた本タイプの辞書をおすすめします。辞書に載せられているすべての情報がひと目でわかるからです。電子辞書はボタン操作で文法解説や例文などの情報を探さなければならないので、紙の辞書になれてから使うとよいでしょう。
　難易度は「ア」の辞書をおすすめします。初学者にとって必要な内容のみが整理されて載せられているからです。電子辞書を購入する場合は、「ア」の辞書が入っている単語の発音が聞けるタイプの電子辞書をおすすめします。
　辞書には、コラムやイラストなどさまざまな情報が載っているので、単語や例文を調べるときのみ使うのではなく、「読んで楽しむもの」としても使ってみてください。

第1章

自分のことを述べる

Lesson 1 I am Suzuki Taro.

学習日	1回目	2回目	3回目
	/	/	/

❖ 基本文 「私は△△です。」 CD 4

I am Suzuki Taro. 私は　　鈴木　　太郎	私は鈴木太郎です。

👉 基本文の解説

- [I am △△.] で「私は△△です。」という意味になる。
- △△には「私のことを説明する語句（下の赤字部分）」が入る。

❀ パタン・プラクティス CD 5

① I am Ken.	私はケンです。
② I am a student.	私は生徒です。
③ I am a junior high school student.	私は中学生です。
④ I am a soccer fan.	私はサッカーのファンです。
⑤ I am a music fan.	私は音楽のファンです。
⑥ I am eleven.	私は11歳です。
⑦ I am twelve.	私は12歳です。
⑧ I am tall.	私は背が高いです。
⑨ I am fine.	私は元気です。
⑩ I am hungry.	私は腹ペコです。

基本文の確認　　　　に英語を書きなさい。

私は鈴木太郎です。

| | | Suzuki Taro. |

[答え]　I　am　Suzuki Taro.

なぜだろう？何だろう？

Q どんなときにaがつくのですか？
　I am Suzuki Taro.（私は鈴木太郎です。）
　I am a student.　（私は生徒です。）

A 数えられるもの（1つ）の前につく
　　aは1つ、2つと数えられるものの前につき、それが「1つ（1人）」であることを表します。人の名前は数えられませんが、生徒は1人、2人と数えられます。私（1人）＝生徒（1人）なので、studentの前にはaをつけます。junior high studentは4語で「中学生」となるので、この前にaをつけてa junior high school studentとなります。tall「背が高い」は数えられないのでaはつけません。
　　では質問。tall boy「背の高い男の子」にaはつける？

[答え] つける（a tall boy）。背の高い男の子は1人、2人と数えられる。

チェックテスト　次の日本文を英文に直しなさい。

（1）私は生徒です。

（➡ パタン・プラクティス②）

（2）私は元気です。

（➡ パタン・プラクティス⑨）

Lesson 2 I like Ichiro.

学習日	1回目	2回目	3回目
	/	/	/

❖ 基本文 「私は○○が好きです。」　CD 6

I like Ichiro.
私は　好き　イチロー

私はイチローが好きです。

👉 基本文の解説

- [I like ○○.] で「私は○○が好きです。」という意味になる。
- I は主語、like は述語動詞。英語では「主語＋述語動詞」が文の初めにくる（➡ p.15）。

英語　I　like　Ichiro.
　　　主語　述語動詞

日本語　私は イチローが 好きです。
　　　　主語　　　　述語

❖ パタン・プラクティス　CD 7

① I like Matsui Hideki.　　私は松井秀喜が好きです。

② I like music.　　私は音楽が好きです。

③ I like summer.　　私は夏が好きです。

④ I like sports.　　私はスポーツが好きです。

⑤ I like dogs.　　私は犬が好きです。

⑥ I like apples.　　私はリンゴが好きです。

⑦ I like basketball.　　私はバスケットボールが好きです。

⑧ I like my school.　　私は私の学校が好きです。

⑨ I like my brother.　　私は私の兄が好きです。

⑩ I like Japan.　　私は日本が好きです。

📝 基本文の確認　□に英語を書きなさい。

私はイチローが好きです。

□　□　Ichiro.

[答え]　I　like　Ichiro.

なぜだろう❓ 何だろう❓

Q どんなときにものの名前にsがつくのですか？

　I like music.　　（私は音楽が好きです。）
　I like dogs.　　（私は犬が好きです。）

A 数えられるもの（2つ以上）の後ろにつく

　数えられるものの後ろにsがつくと、2つ以上あることを表します。これを名詞の複数形と呼びます。「音楽」は数えられませんが、「犬」は1匹、2匹と数えられます。1匹の犬ではなく、犬全体が好きと言いたいので、a dogではなくdogsと表します。
　では質問。「バナナが好き」という場合、banana（バナナ）にsはつける？

[答え] つける（I like bananas）。バナナも1本、2本と数えられる。

📝 チェックテスト　次の日本文を英文に直しなさい。

（1）私は犬が好きです。

_____

_____

（➡ パタン・プラクティス⑤）

（2）私は私の学校が好きです。

_____

_____

（➡ パタン・プラクティス⑧）

Lesson 3 I play tennis.

学習日	1回目	2回目	3回目
	／	／	／

❖ 基本文 「私は○○を〜します。」 CD 8

I play tennis. 私は　する　テニス	私はテニスをします。

👉 基本文の解説

- Lesson2で覚えた［I like ○○.］のlikeの代わりにいろいろな動詞をおこう。
- ［I play ○○.］で「私は○○をします。」「私は○○を演奏します。」という意味になる。

❀ パタン・プラクティス　CD 9

① I **play** the piano.	私はピアノを**弾き**ます。
② I **play** video games.	私はテレビゲームを**します**。
③ I **use** a cell phone.	私は携帯電話を**使い**ます。
④ I **use** my computer.	私は自分のコンピュータを**使い**ます。
⑤ I **watch** TV.	私はテレビを**見**ます。
⑥ I **watch** a soccer game.	私はサッカーの試合を**見**ます。
⑦ I **have** a bike.	私は自転車を**持っています**。
⑧ I **have** tea.	私は紅茶を**飲み**ます。
⑨ I **study** English.	私は英語を**勉強**します。
⑩ I **study** science.	私は理科を**勉強**します。

基本文の確認　　□に英語を書きなさい。

私はテニスをします。

□　□　tennis.

[答え]　I　play　tennis.

なぜだろう？何だろう？

Q どんなときに **the** がつくのですか？

I play tennis.　　（私はテニスをします。）
I play the piano.　（私はピアノを弾きます。）

A 「楽器を演奏する」という意味のときは、楽器の前に **the** がつく

playのあとに楽器を置いて、「○○を演奏する」と言いたいときは、[play the (楽器)] とします。このtheには、はっきりとした意味はありません。

一般に、theは多くのものの中から、特にそれを指す場合につけます。次の2つの文を見てください。2つの文の違いを説明します。

❶ I use a pen.　　（私はペンを使います。）
❷ I use the pen.　（私はそのペンを使います。）

❶では、「書くときにペンというものを使う。」となり、❷では、「どんなペンでもよいのではなく、話題に出てきた特定のペンを使う。」となります。

では質問。I watch a soccer game. と I watch the soccer game. の違いは？

[答え] 前者は単に「サッカーの試合を見る」、
　　　 後者は話題に出ていた「そのサッカーの試合を見る」という意味。

チェックテスト　次の日本文を英文に直しなさい。

（1）私はテレビゲームをします。

（➡ パタン・プラクティス②）

（2）私は英語を勉強します。

（➡ パタン・プラクティス⑨）

Lesson 4 I swim.

| 学習日 | 1回目 / | 2回目 / | 3回目 / |

❖ 基本文 「私は〜します。」　CD⑩

I swim.
私は　泳ぐ

私は泳ぎます。

👉 基本文の解説

- [I swim.] で「私は泳ぎます。」という意味になる。
- [I swim] のあとには「場所」や「時間」を表す言葉が続くことが多い。

❀ パタン・プラクティス　CD⑪

① I go.　　　　　　　　　　　私は行きます。

② I go to school.　　　　　　私は学校に行きます。

③ I run.　　　　　　　　　　私は走ります。

④ I run in the park.　　　　　私は公園を走ります。

⑤ I listen.　　　　　　　　　私は聞きます。

⑥ I listen to music.　　　　　私は音楽を聞きます。

⑦ I come.　　　　　　　　　私は来ます。

⑧ I come by bike.　　　　　　私は自転車で来ます。

⑨ I live in Tokyo.　　　　　　私は東京に住んでいます。

⑩ I swim in the sea.　　　　　私は海で泳ぎます。

基本文の確認　☐に英語を書きなさい。

私は泳ぎます。

I ☐ .

[答え] I swim .

なぜだろう？何だろう？

Q 動詞のあとに○○がつく場合とつかない場合の違いは何ですか？
　　I study.　　　（私は勉強します。）
　　I study English.　　（私は英語を勉強します。）

A「○○を」という意味を表したいときは「動詞＋○○」の形になる

　swim（泳ぐ）やgo（行く）は「○○を泳ぐ」「○○を行く」のように「○○を」をつけることはありません。逆に、use（使う）やhave（持っている）は「○○を」がないと意味がわかりません。この「○○を」にあたる語を目的語と呼びます。
　study は「○○を勉強します」ということも、単に「勉強します」ということもできます。動詞によって、あとに必ず目的語を置かなければならないものと、置けないもの、どちらでもよいものの3種類があります。studyはどちらでもよい動詞です。
　では質問。I play. は正しい英語？

[答え] 正しい。○○がつかない場合は「遊ぶ」という意味になる。

チェックテスト　次の日本文を英文に直しなさい。

（1）私は学校に行きます。

（　➡ パタン・プラクティス②　）

（2）私は音楽を聞きます。

（　➡ パタン・プラクティス⑥　）

Lesson 5 — I don't like dogs.

学習日	1回目	2回目	3回目
	/	/	/

❀ 基本文 「私は～しません。」 CD⑫

I don't like dogs.
私は　しない　好き　犬

私は犬が好きではありません。

☞ 基本文の解説

- 動詞の前に don't をおくと「～しません」という意味になる。
- ［I don't 動詞～.］の語順。don't は do not を短くした形（短縮形）。

❂ パタン・プラクティス CD⑬

① I **don't like** milk.	私は牛乳が**好きではありません**。
② I **don't play** basketball.	私はバスケットボールを**しません**。
③ I **don't use** this car.	私はこの車を**使いません**。
④ I **don't watch** TV.	私はテレビを**見ません**。
⑤ I **don't eat** sushi.	私はすしを**食べません**。
⑥ I **don't read** comics.	私はマンガを**読みません**。
⑦ I **don't want** a bike.	私は自転車を**ほしくはありません**。
⑧ I **don't live** in Tokyo.	私は東京に**住んでいません**。
⑨ I **don't swim** in the river.	私は川で**泳ぎません**。
⑩ I **don't go** to the park.	私はその公園に**行きません**。

基本文の確認　☐に英語を書きなさい。

私は犬が好きではありません。

I ☐ ☐ dogs.

[答え] I | don't | like | dogs.

なぜだろう？何だろう？

Q carは「1台、2台」と数えられるのに、aはつけないのですか？
　I don't use this car.　（私はこの車を使いません。）

A thisをつけたらaはつけない

　carは数えられるので、1台のときはa carと表します。しかし、this carのように、carの前にthisを置くと、aはつけないルールになっています。thisの他に、my, the などを置いた場合もaをつけません。
　I have a car.　（私は車を持っています。）
　This is my car.　（これは私の車です。）
　I use the car.　（私はその車を使います。）
　では質問。「私は私の自転車が好きです。」を英語にするときに、bikeの前にaはつける？

[答え] myをつけるので、aはつけない。I like my bike.

✏️ チェックテスト　次の日本文を英文に直しなさい。

(1) 私はバスケットボールをしません。

（→パタン・プラクティス②）

(2) 私はすしを食べません。

（→パタン・プラクティス⑤）

29

Lesson 6 I am not a teacher.

学習日	1回目	2回目	3回目
	/	/	/

❀ 基本文 「私は△△ではありません。」 CD 14

I am not a teacher.
私は　　ではない　　先生

私は先生ではありません。

👉 基本文の解説

- am のうしろに not をおくと「～ではありません」という意味になる。
- ［I am not ～ .］の語順。

❀ パタン・プラクティス CD 15

① I am not a student. 　　　　　　私は生徒ではありません。

② I am not a junior high school student. 　私は中学生ではありません。

③ I am not a baseball fan. 　　　　私は野球のファンではありません。

④ I am not a movie fan. 　　　　　私は映画のファンではありません。

⑤ I am not hungry. 　　　　　　　私は腹ペコではありません。

⑥ I am not sick. 　　　　　　　　私は病気ではありません。

⑦ I am not tired. 　　　　　　　　私は疲れていません。

⑧ I am not sleepy. 　　　　　　　私は眠くありません。

⑨ I am not a good player. 　　　　私は上手な選手ではありません。

⑩ I am not a good singer. 　　　　私は歌が上手ではありません。

基本文の確認　□に英語を書きなさい。

私は先生ではありません。

I □ □ a teacher.

[答え] I am not a teacher.

なぜだろう？何だろう？

Q am not には don't（= do not）のような短縮形はないのですか？
　　I don't play tennis.　（私はテニスをしません。）
　　I am not a teacher.　（私は先生ではありません。）

A I am not は I'm not となる

am not の短縮形はありません。でも、I am を I'm と短縮することはできます。
　　I'm a teacher.　　　（私は先生です。）
　　I'm not a teacher.　（私は先生ではありません。）
では質問。I am a junior high school student.（私は中学生です。）のどこを短縮形にする？

[答え] I'm a junior high school student.

チェックテスト　次の日本文を英文に直しなさい。

（1）私は病気ではありません。

（→パタン・プラクティス⑥）

（2）私は上手な選手ではありません。

（→パタン・プラクティス⑨）

Lesson 7 I can ski.

学習日	1回目	2回目	3回目
	/	/	/

❖ 基本文 「私は〜することができます。」 CD 16

I can ski.
私は　できる　スキーをする

私はスキーができます。

👉 基本文の解説

- 動詞の前に can をおくと「〜することができます。」という意味になる。
- 動詞の前に can't をおくと「〜することができません。」という意味になる。
- [I can 動詞〜.] [I can't 動詞〜.] の語順。can't は can not の短縮形（cannot とも書く）

🌼 パタン・プラクティス　CD 17

① I can swim.	私は泳げます。
② I can't swim.	私は泳げません。
③ I can dance.	私は踊れます。
④ I can't dance.	私は踊れません。
⑤ I can speak Japanese.	私は日本語を話せます。
⑥ I can't speak Chinese.	私は中国語を話せません。
⑦ I can play the piano.	私はピアノを弾くことができます。
⑧ I can't play the guitar.	私はギターを弾くことができません。
⑨ I can read English.	私は英語を読むことができます。
⑩ I can't read this book.	私はこの本を読むことができません。

基本文の確認　　□に英語を書きなさい。

私はスキーができます。

I □ □ .

[答え] I can ski

なぜだろう？何だろう？

Q どんなときに大文字が使われるのですか？
　　I can speak Japanese.　（私は日本語を話せます。）
　　I like Matsui Hideki.　（私は松井秀喜が好きです。）

A 文の最初の文字。文の途中でも国名や人名の最初の文字は大文字を使う

　文の最初の文字は大文字です。また、国名、地名、人名は、文の途中であっても常に大文字で始めます。
　　国名　I go to China.　　　（私は中国に行きます。）
　　地名　I live in Yokohama.　（私は横浜に住んでいます。）
　　人名　I am Honda Toshiyuki.　（私は本多敏幸です。）

　Japanese（日本語、日本人、日本の）も Japan（日本）という国名からできた語なので、最初の文字は常に大文字です。「私は」を表すIも常に大文字で表します。
　では質問。「私は宮部みゆきが好きです。」を英語にすると、大文字はいくつ使われる？

[答え] 3つ（I like Miyabe Miyuki.）

チェックテスト　　次の日本文を英文に直しなさい。

（1）私は踊れます。

（→ パタン・プラクティス③）

（2）私は中国語を話せません。

（→ パタン・プラクティス⑥）

➡ 解答は113ページ

学習日	1回目	2回目	3回目
得点	/70	/70	/70

日本文を英文に直しなさい。（1問10点）

(1) 私は中学生です。

(➡ Lesson 1)

(2) 私は夏が好きです。

(➡ Lesson 2)

(3) 私は理科を勉強します。

(➡ Lesson 3)

(4) 私は海で泳ぎます。

(➡ Lesson 4)

(5) 私は東京に住んでいません。

(➡ Lesson 5)

(6) 私は腹ペコではありません。

(➡ Lesson 6)

(7) 私はこの本を読むことができません。

(➡ Lesson 7)

応用問題 ①

解答は113ページ

学習日	1回目	2回目	3回目
得点	/70	/70	/70

日本文を英文に直しなさい。（1問10点）

(1) 私はバスケットボールのファンです。

(→ Lesson 1 + α)

(2) 私は紅茶が好きです。

(→ Lesson 2 + α)

(3) 私はギターを弾きます。

(→ Lesson 3 + α)

(4) 私は日本に行きます。

(→ Lesson 4 + α)

(5) 私は自転車で来ません。

(→ Lesson 5 + α)

(6) 私は元気ではありません。

(→ Lesson 6 + α)

(7) 私はコンピュータを使うことができます。

(→ Lesson 7 + α)

第2章

他人やものについて述べる

Lesson 8: This is my bike.

学習日	1回目	2回目	3回目
	/	/	/

❖ 基本文 「□□は△△です。」（主語が単数） CD⑱

This is my bike.
これ　　私の　自転車

これは私の自転車です。

👉 基本文の解説

- 主語が単数（1人、1つ）の場合、[I am △△.] の am の代わりに is をおく。
  - 例） This is △△.　（これは△△です。）　　He is △△.　（彼は△△です。）
    That is △△.　（あれは△△です。）　　She is △△.　（彼女は△△です。）
    It is △△.　（それは△△です。）　　Tom is △△.　（トムは△△です。）

❖ パタン・プラクティス　CD⑲

① **This** is my friend.　　　　　　　　こちらは私の友だちです。

② **Her name** is Mai.　　　　　　　　彼女の名前はマイです。

③ **That** is a bird.　　　　　　　　あれは鳥です。

④ **It** is pretty.　　　　　　　　それはかわいいです。

⑤ **My uncle** is a P.E. teacher.　　　　私のおじは体育の先生です。

⑥ **He** is a good teacher.　　　　　　彼はよい先生です。

⑦ **Aya** is my sister.　　　　　　　アヤは私の妹です。

⑧ **She** is kind to everyone.　　　　彼女はみんなに親切です。

⑨ **This dog** is mine.　　　　　　　この犬は私のです。

⑩ **His name** is Shiro.　　　　　　彼の名前はシロです。

基本文の確認　□に英語を書きなさい。

これは私の自転車です。

□　□　my bike.

[答え] This is my bike.

なぜだろう？何だろう？

Q am と is の意味は同じなのですか？

I am a student.　　（私は生徒です。）
He is a good teacher.　（彼はよい先生です。）

A am と is は同じ意味

　am と is は主語によって使い分けますが、その意味は同じです。am や is の前後の語句が「＝（イコール）」であることを表します。
　am を使うのは、主語が I のときだけです。主語が自分（I）や相手（you）以外の単数の場合は is を使います。自分や相手以外のことを3人称といいます（→51ページ）。

I am a student.　　　（I ＝ a student）
He is a good teacher.　（He ＝ a good teacher）

では質問。「私の妹＝11歳」と言いたいときは？

[答え] My sister is eleven.（my sister は単数（1人）なので is を使う）

チェックテスト　次の日本文を英文に直しなさい。

(1) 彼はよい先生です。

（→パタン・プラクティス⑥）

(2) この犬は私のです。

（→パタン・プラクティス⑨）

Lesson 9 Miki plays tennis.

学習日	1回目	2回目	3回目
	/	/	/

基本文 「□□は〜します。」（主語が単数） CD 20

Miki plays tennis.
ミキ　する　テニス

ミキはテニスをします。

👉 基本文の解説

- 主語が3人称（I と you 以外）で単数の場合、動詞に s（または es）がつく。
  - 例) I play tennis.　（私はテニスをします。）
    Miki play**s** tennis.　（ミキはテニスをします。）
- s（または es）の発音の違いはパタン・プラクティスで聞き分けよう。

✦ パタン・プラクティス　CD 21

① **Kenta lives in Nagoya.**　ケンタは名古屋に住んでいます。

② **He reads this book.**　彼はこの本を読みます。

③ **He goes to the library.**　彼は図書館に行きます。

④ **He studies hard.**　彼は熱心に勉強します。

⑤ **He has a good computer.**　彼はよいコンピュータを持っています。

⑥ **My mother cooks very well.**　私の母はとても上手に料理します。

⑦ **She makes cakes, too.**　彼女はケーキも作ります。

⑧ **She eats a lot.**　彼女はたくさん食べます。

⑨ **My father watches TV.**　私の父はテレビを見ます。

⑩ **He uses this chair.**　彼はこのいすを使います。

基本文の確認　□に英語を書きなさい。

ミキはテニスをします。

Miki □ tennis.

[答え] Miki **plays** tennis.

なぜだろう？何だろう？

Q 動詞にsがつく形についてもっとくわしく教えてください

He read**s** this book.　（彼はこの本を読みます。）
He go**es** to the library.　（彼は図書館に行きます。）
He stud**ies** hard.　（彼は熱心に勉強します。）
He **has** a good computer.　（彼はよいコンピュータを持っています。）

A 動詞の変化について説明します

「これだけは覚えよう！　知識篇」（→16ページ）で述べたように、動詞はさまざまな形に変化します。主語が3人称で単数の場合、動詞の語尾にs（またはes）をつけます。s（またはes）のつけ方は次の4通りです。

❶ 語尾に s をつける	like**s**, play**s**, read**s**, make**s**, eat**s**, live**s**, use**s**, come**s** など
❷ 語尾に es をつける	go**es**, watch**es**
❸ 語尾の y を i にして es をつける	stud**ies**（←study）
❹ まったく違う形になる	**has**（←have）

ほとんどの動詞は❶のつけ方なので、❷～❹の動詞だけを覚えておきましょう。
では質問。「ミキは泳ぐ。」のswimの形は？

[答え] swims（ほとんどの動詞はsをつけるだけ）

チェックテスト　次の日本文を英文に直しなさい。

（1）彼は図書館に行きます。

（→パタン・プラクティス③）

Lesson 10 These are my books.

学習日	1回目	2回目	3回目
	/	/	/

✤ 基本文 「□□は△△です。」（主語が複数とyou） CD 22

These are my books. これら　　私の　　本	これらは私の本です。

👉 基本文の解説

- 主語が複数（2人以上、2つ以上）の場合、am や is の代わりに are をおく。
- 話し相手を表す you は 1人か 2人以上かにかかわらず、つねに are を使う。

　例　These are △△．（これらは△△です。）　　We are △△．（私たちは△△です。）
　　　Those are △△．（あれらは△△です。）　　You are △△．（あなたは△△です。）

❋ パタン・プラクティス　CD 23

① **Those** are my cups.	あれらは私のカップです。
② **They** are new.	それらは新しいです。
③ **Tom and Ken** are my friends.	トムとケンは私の友だちです。
④ **They** are very tall.	彼らはとても背が高いです。
⑤ **My sisters** are college students.	私の姉たちは大学生です。
⑥ **They** are basketball players.	彼女らはバスケットボールの選手です。
⑦ **Ryo and I** are classmates.	リョウと私はクラスメートです。
⑧ **We** are big soccer fans.	私たちは大のサッカーファンです。
⑨ **You** are a good tennis player.	あなたは上手なテニス選手です。
⑩ **You** are good baseball players.	あなたがたは上手な野球選手です。

基本文の確認　□に英語を書きなさい。

これらは私の本です。

☐ ☐ my books.

［答え］ These are my books.

なぜだろう？何だろう？

Q am, is, are について教えてください

I am a student.　　　　　　　　（私は生徒です。）
Aya is my sister.　　　　　　　　（アヤは私の妹です。）
You are a good tennis player.　（あなたは上手なテニス選手です。）

A am, is, are について整理します

am, is, are はまとめて be 動詞といいます。be 動詞はすべて同じ意味で「＝（イコール）」を表します（Lesson 11で、be 動詞のもう1つの意味を学習します）。

be 動詞は、主語によって、次のように使い分けます。

主語	be動詞	例　文
I	am	I am a soccer fan.（私はサッカーファンです。）
you または複数	are	We are students.（私たちは生徒です。）
I と you 以外の単数	is	My uncle is a teacher.（私のおじは先生です。）

では質問。「あなたと私は生徒です。」を英語にするとbe動詞は何を使う？

［答え］are（You and I are students. 主語が2人なのでareを使う）

チェックテスト　次の日本文を英文に直しなさい。

（1）トムとケンは私の友だちです。

（ ➡ パタン・プラクティス③ ）

（2）リョウと私はクラスメートです。

（ ➡ パタン・プラクティス⑦ ）

Lesson 11: Makoto is in Tokyo.

学習日	1回目	2回目	3回目
	/	/	/

✿ 基本文 「□□は〜にいます／〜にあります。」 CD 24

Makoto is in Tokyo. マコト　　〜に　東京	マコトは東京にいます。

☞ 基本文の解説

- am、is、are をまとめて be 動詞という。be 動詞の意味は 2 つある。
  - 例 ①□□ is △△．　　（□□は△△です。）　　「□□＝△△」という関係
  - ②□□ is in(at, on) 〜．（□□は〜にいます／〜にあります。）
- ②の意味では、場所を表す in, at, on などをいっしょに使う（これを前置詞という）。

❀ パタン・プラクティス　　CD 25

① **Lucy is in this town.** 　　ルーシーはこの町にいます。

② **My sisters are in the kitchen.** 　　私の姉妹は台所にいます。

③ **The balls are in that box.** 　　ボールはあの箱の中にあります。

④ **Kenta is at school.** 　　ケンタは学校にいます。

⑤ **His mother is at home.** 　　彼の母親は家にいます。

⑥ **My cat is on the bed.** 　　私のネコはベッドの上にいます。

⑦ **The picture is on the wall.** 　　その絵は壁に（貼って）あります。

⑧ **My dog is under the table.** 　　私の犬はテーブルの下にいます。

⑨ **Miki is by the tree.** 　　ミキは木のそばにいます。

⑩ **My house is near the station.** 　　私の家は駅の近くにあります。

基本文の確認　☐に英語を書きなさい。

マコトは東京にいます。

Makoto ☐ ☐ Tokyo.

[答え] Makoto [is] [in] Tokyo.

なぜだろう？何だろう？

Q in, at, on の違いは何ですか？

　　Makoto is in Tokyo.　　（マコトは東京にいます。）
　　Kenta is at school.　　（ケンタは学校にいます。）
　　The picture is on the wall.　（その絵は壁に（貼って）あります。）

A それぞれの語の持つイメージをイラストで説明します

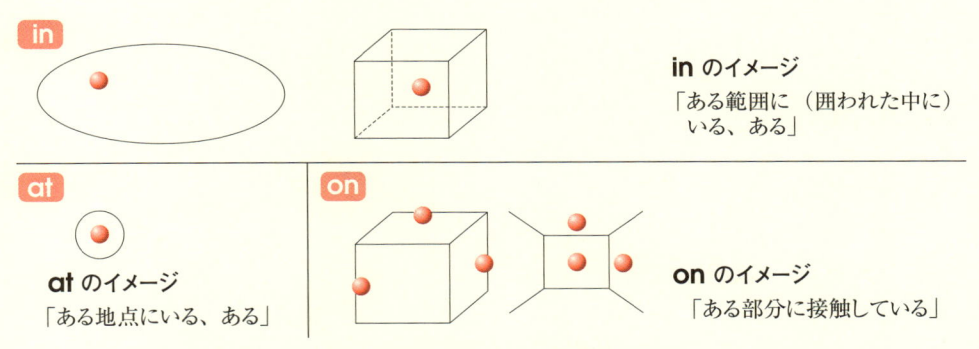

in

in のイメージ
「ある範囲に（囲われた中に）いる、ある」

at

at のイメージ
「ある地点にいる、ある」

on

on のイメージ
「ある部分に接触している」

in, at, on を前置詞といいます。前置詞は場所や時などを表すときに用いられます。
では質問。The apples are on the tree. ならどんな絵が頭に浮かぶ？

[答え] りんごが木になっている絵（りんごと木が接触していることから）

チェックテスト　次の日本文を英文に直しなさい。

(1) ケンタは学校にいます。

（ ➡ パタン・プラクティス④ ）

Lesson 12　My sister is playing the piano.

学習日	1回目	2回目	3回目
	／	／	／

✤ 基本文　「□□は〜しています。（しているところです。）」　CD 26

My sister is playing the piano.	私の妹はピアノを弾いています。
私の　妹　　弾いている　　ピアノ	

👉 基本文の解説

- 動詞にingをつけると、動作が進行中である（〜している）ことを表す。
- ［主語＋be動詞（am, is, are）＋動詞のing形〜.］の語順。これを現在進行形という。

❂ パタン・プラクティス　CD 27

①	Tom **is reading** a book.	トムは本を**読んでいます**。
②	Mike **is studying** in the library.	マイクは図書館で**勉強しています**。
③	He **is using** a computer.	彼はコンピュータを**使っています**。
④	Jim **is swimming** in the river.	ジムは川で**泳いでいます**。
⑤	Ken **is having** lunch.	ケンは昼食を**食べています**。
⑥	My mother **is cooking** in the kitchen.	私の母は台所で**料理をしています**。
⑦	My father **is working** in his room.	私の父は（彼の）部屋で**働いています**。
⑧	Judy and Emma **are sleeping**.	ジュディとエマは**寝ています**。
⑨	Lucy and Jim **are watching** TV.	ルーシーとジムはテレビを**見ています**。
⑩	The students **are cleaning** their classroom.	生徒たちは彼らの教室を**掃除しています**。

基本文の確認　　に英語を書きなさい。

私の妹はピアノを弾いています。

My sister [　　　] [　　　] the piano.

[答え] My sister **is** **playing** the piano.

なぜだろう？何だろう？

Q 動詞のing形についてもっとくわしく教えてください

　I have lunch.　　　　　（私は昼食を食べます。）
　Ken is having lunch.　（ケンは昼食を食べています。）

A ingのつけ方について説明します

ingのつけ方には、次の3通りがあります。

❶ 語尾にingをつける	cooking, playing, watching, studying
❷ 語尾のeをとってingをつける	using, making, dancing, coming
❸ 語尾を重ねてingをつける	swimming (←swim), running (←run)

では質問。write（書く）とsit（すわる）のing形は？

[答え] writing, sitting

チェックテスト　次の日本文を英文に直しなさい。

（1）マイクは図書館で勉強しています。

（➡ パタン・プラクティス②）

（2）ジムは川で泳いでいます。

（➡ パタン・プラクティス④）

Lesson 13 My father isn't a doctor.

基本文 「□□は〜ではありません。」 CD 28

My father isn't a doctor.
私の　父　ではない　医者

私の父は医者ではありません。

基本文の解説

- be動詞（am, is, are）のあとにnotをおくと「〜ではありません」という意味になる。
- isn'tはis notの、aren'tはare notの短縮形。

パタン・プラクティス CD 29

① **Lisa isn't** a high school student.　リサは高校生ではありません。

② **She isn't** from New York.　彼女はニューヨーク出身ではありません。

③ **My sister isn't** in her room.　私の妹は彼女の部屋にいません。

④ **Lucy isn't** on the tennis team.　ルーシーはテニス部に属していません。

⑤ **Jim isn't** calling his friend.　ジムは彼の友だちに電話をかけているところではありません。

⑥ **Tom and Lucy aren't** soccer fans.　トムとルーシーはサッカーファンではありません。

⑦ **Emma and Ken aren't** here.　エマとケンはここにはいません。

⑧ **They aren't** in the science club.　彼らは科学クラブに属していません。

⑨ **The animals aren't** happy.　その動物たちは幸せではありません。

⑩ **They aren't** eating.　彼らは食事をしているところではありません。

基本文の確認　　□に英語を書きなさい。

私の父は医者ではありません。

My father □ a doctor.

[答え] My father　isn't　a doctor.

なぜだろう？何だろう？

Q クラブ活動の言い方を教えてください
　　Lucy is on the tennis team.　（ルーシーはテニス部に属しています。）
　　They are in the science club.　（彼らは科学クラブに属しています。）

A スポーツ系は［on the ～ team］、文化系は［in the ～ club］
　日本のクラブ活動は欧米のものとは異なるので、ピッタリする言い方がありません。教科書では、スポーツ系は［I am on the baseball team.］のようにteamを使っています。文化系は［I am in the English club.］のようにclubを使っています。
　では質問。サッカー部に入っていることを言うときは？

[答え] I'm on the soccer team.

チェックテスト　　次の日本文を英文に直しなさい。

（1）リサは高校生ではありません。

（→ パタン・プラクティス①）

（2）その動物たちは幸せではありません。

（→ パタン・プラクティス⑨）

Lesson 14: Tom doesn't play baseball.

学習日	1回目	2回目	3回目
	/	/	/

❖ 基本文 「□□は〜しません。」 CD 30

Tom doesn't play baseball.
トム　しない　する　野球

トムは野球をしません。

👉 基本文の解説

- 主語が単数の場合、動詞の前にdoesn'tをおくと「〜しません。」という意味になる。
- [主語＋doesn't＋動詞（原形）〜.]の語順。doesn'tはdoes notの短縮形。

　例）Tom play**s** baseball.　　　（トムは野球をします。）
　　　Tom doesn't play baseball.　（トムは野球をしません。）
　　　　　　　　sはつかない

✳ パタン・プラクティス　CD 31

① **Bob doesn't** play the guitar.　　ボブはギターを弾き**ません**。

② **Jim doesn't** have any sisters.　　ジムには姉妹がい**ません**。

③ **My father doesn't** like animals.　私の父は動物が好き**ではありません**。

④ **My sister doesn't** play sports.　　私の妹はスポーツをし**ません**。

⑤ **My mother doesn't** drive a car.　私の母は車の運転をし**ません**。

⑥ **This dog doesn't** drink milk.　　この犬は牛乳を飲み**ません**。

⑦ **Mr. Brown doesn't** eat hamburgers.　ブラウンさんはハンバーガーを食べ**ません**。

⑧ **Ken doesn't** know the news.　　ケンはその知らせを知り**ません**。

⑨ **He doesn't** have a cell phone.　彼は携帯電話を持ってい**ません**。

⑩ **That man doesn't** speak Japanese.　あの男性は日本語を話し**ません**。

基本文の確認　☐に英語を書きなさい。

トムは野球をしません。

Tom ☐☐☐☐ ☐☐☐☐ baseball.

[答え] Tom **doesn't** **play** baseball.

なぜだろう？何だろう？

Q 「人称」とは何ですか？

　I play tennis.　　（私はテニスをします。）
　You play tennis.　（あなたはテニスをします。）
　Ken plays tennis.　（ケンはテニスをします。）

A 自分（1人称）、相手（2人称）、それ以外（3人称）

　自分のことを「1人称」と言います。英語ではIやweです。
　相手のことを「2人称」と言います。英語ではyouです。
　それ以外の人やものを「3人称」と言います。英語ではhe, she, it, my father, that birdなどです。
　では質問。Your brother is a student.の主語は何人称？

[答え] 3人称　your brother（あなたの兄）

チェックテスト　次の日本文を英文に直しなさい。

(1) ボブはギターを弾きません。

（→パタン・プラクティス①）

(2) 彼は携帯電話を持っていません。

（→パタン・プラクティス⑨）

Lesson 15 be動詞のまとめ

学習日	1回目	2回目	3回目
	/	/	/

✿ 基本文　CD 32

I am a student.	私は生徒です。
Miki is a student.	ミキは生徒です。
Miki and I are students.	ミキと私は生徒です。

👉 基本文の解説

- be動詞のおさらいです。43ページの説明を読んでから取り組みましょう。

✿ パタン・プラクティス　CD 33

① **I am** a music fan.	私は音楽のファンです。
② **Ryo is** a music fan.	リョウは音楽のファンです。
③ **Ryo and I are** music fans.	リョウと私は音楽のファンです。
④ **This is** my book.	これは私の本です。
⑤ **These are** my books.	これらは私の本です。
⑥ **I am** at home.	私は家にいます。
⑦ **My brother is** under the tree.	私の兄は木の下にいます。
⑧ **My sisters are** in the library.	私の姉妹は図書室にいます。
⑨ **You are** kind to me.	あなたは私に親切です。
⑩ **We are** good friends.	私たちは仲のよい友だちです。

練習問題 次の□にbe動詞を入れなさい。

(1) ルーシーはベッドの上にいます。
Lucy ___ on the bed.

(2) ルーシーと私はクラスメートです。
Lucy and I ___ classmates.

(3) あれらは私の生徒たちです。
Those ___ my students.

(4) 私は眠くありません。
I ___ not sleepy.

(5) 私たちはバスケットボールのファンです。
We ___ basketball fans.

(6) あなたは上手なサッカー選手です。
You ___ a good soccer player.

(7) 私の兄弟たちは台所にいます。
My brothers ___ in the kitchen.

(8) 彼の名前はケンタです。
His name ___ Kenta.

(9) ミキとルーシーは仲のよい友だちです。
Miki and Lucy ___ good friends.

(10) ブラウンさんは音楽の先生です。
Mr. Brown ___ a music teacher.

章末テスト ②

➡ 解答は114ページ

学習日	1回目	2回目	3回目
得点	/70	/70	/70

日本文を英文に直しなさい。（1問10点）

（1）彼女はみんなに親切です。

(➡ Lesson 8)

（2）彼はこのいすを使います。

(➡ Lesson 9)

（3）私の姉たちは大学生です。

(➡ Lesson 10)

（4）私の犬はテーブルの下にいます。

(➡ Lesson 11)

（5）私の母は台所で料理をしています。

(➡ Lesson 12)

（6）彼らは科学クラブに属していません。

(➡ Lesson 13)

（7）この犬は牛乳を飲みません。

(➡ Lesson 14)

応用問題 ❷

学習日	1回目	2回目	3回目
得点	/70	/70	/70

➡ 解答は114ページ

日本文を英文に直しなさい。（1問10点）

（1）このギターは私のです。

（➡ Lesson 8＋α）

（2）私の姉は英語を勉強します。

（➡ Lesson 9＋α）

（3）トムと私は高校生です。

（➡ Lesson 10＋α）

（4）私の携帯電話はテーブルの上にあります。

（➡ Lesson 11＋α）

（5）私たちは音楽を聞いているところです。

（➡ Lesson 12＋α）

（6）私の父は先生ではありません。

（➡ Lesson 13＋α）

（7）ジムはピアノを弾きません。

（➡ Lesson 14＋α）

第3章

質問する①

Lesson 16 Are you a doctor?

学習日	1回目	2回目	3回目
	/	/	/

🌼 基本文 「あなたは〜か。」 CD 34

| Are you a doctor?
あなた　　　医師 | あなたは医師ですか。 |

👉 基本文の解説

- 相手に［Are you〜?］と質問すると「あなたは〜か。」という意味になる。
- 質問に対する答えは、［Yes, I am.］か［No, I'm not.］となる。
  - 例　質問：Are you a doctor?　（あなたは医師ですか。）
  - 答え：Yes, I am.（はい、そうです。）／No, I'm not.（いいえ、そうではありません。）

❀ パタン・プラクティス　CD 35

① **Are you** a teacher?　　　　　　　あなたは先生ですか。

② **Yes, I am.**　　　　　　　　　　　はい、そうです。

③ **Are you** from Tokyo?　　　　　　あなたは東京出身ですか。

④ **No, I'm not.**　　　　　　　　　　いいえ、そうではありません。

⑤ **Are you** on the tennis team?　　　あなたはテニス部に入っていますか。

⑥ **Are you** in the English club?　　　あなたは英語部に入っていますか。

⑦ **Are you** a good cook?　　　　　　あなたは料理が上手ですか。

⑧ **Are you** a good singer?　　　　　あなたは歌が上手ですか。

⑨ **Are you** tired?　　　　　　　　　あなたは疲れていますか。

⑩ **Are you** ready?　　　　　　　　　あなたは準備ができていますか。

基本文の確認　□に英語を書きなさい。

あなたは医師ですか。

☐　☐　a doctor?

[答え] Are | you | a doctor?

なぜだろう？何だろう？

Q Lesson 9のcookと、Lesson 16のcookは同じ意味ですか？

My mother cooks very well. （私の母はとても上手に料理します。）
Are you a good cook? （あなたは料理が上手ですか。）

A Lesson 9は「料理する」、Lesson 16は「料理人（コック）」の意味

cookには、「料理する」という動詞としての意味と、「料理人（コック）」という名詞としての意味の両方があります。英語では、同じ単語でも複数の品詞（動詞、形容詞、名詞など）となっていることがあります。

I watch TV. （私はテレビを見ます。）動詞
My watch is old. （私の腕時計は古いです。）名詞

では問題。I clean my room. と My room is clean. の意味の違いは？

[答え] 前者は「私は部屋を掃除します。」（動詞）
後者は「私の部屋はきれいです。」（形容詞）

チェックテスト　次の日本文を英文に直しなさい。

（1）あなたは先生ですか。

（→ パタン・プラクティス①）

（2）あなたは疲れていますか。

（→ パタン・プラクティス⑨）

Lesson 17 Are Tom and Mike brothers?

学習日	1回目	2回目	3回目
	/	/	/

❖ 基本文 「□□は〜か。」（主語が複数とyou） CD 36

Are Tom and Mike brothers? トム と マイク 兄弟	トムとマイクは兄弟ですか。

👉 基本文の解説

- 主語が複数の場合は、[Are □□〜?]（□□は〜か。）と質問する。
- 質問に対する答えは、[Yes, they are.] か [No, they aren't.] となる。
- 自分が含まれるときの答えは、[Yes, we are.] か [No, we aren't.]。

✿ パタン・プラクティス　CD 37

① Are Miki and Ken classmates?	ミキとケンはクラスメートですか。
② Yes, they are.	はい、そうです。
③ Are the boys Japanese?	その男の子たちは日本人ですか。
④ No, they aren't.	いいえ、そうではありません。
⑤ Are these computers old?	これらのコンピュータは古いですか。
⑥ Yes, they are.	はい、古いです。
⑦ Are you sisters?	あなたがたは姉妹ですか。
⑧ No, we aren't.	いいえ、そうではありません。
⑨ Are you and Kazuo on the baseball team?	あなたとカズオは野球部に入っていますか。
⑩ Yes, we are.	はい、そうです。

基本文の確認　□に英語を書きなさい。

トムとマイクは兄弟ですか。

□ Tom and Mike brothers?

[答え] Are Tom and Mike brothers?

なぜだろう？何だろう？

Q areの短縮形にはどんなものがあるのですか？

No, they are not.　（いいえ、そうではありません。）
No, they aren't.　（いいえ、そうではありません。）

A notとくっついてaren't、主語とくっついてWe'reなど

are notの短縮形はaren'tです。また、areはさまざまな主語とくっついて短縮できます。

we are → we're
they are → they're

では質問。you areの短縮形は？

[答え] you're

チェックテスト　次の日本文を英文に直しなさい。

(1) あなたがたは姉妹ですか。

（→ パタン・プラクティス⑦）

(2) いいえ、そうではありません。※(1)に対する答え

（→ パタン・プラクティス⑧）

Lesson 18 Is this a library?

学習日	1回目	2回目	3回目
	/	/	/

✤ 基本文 「□□は〜か。」（主語が単数） CD 38

| Is this a library?
　　これ　　　　図書館 | これは図書館ですか。 |

☞ 基本文の解説

- 主語が単数の場合は、[Is □□〜?]（□□は〜か。）と質問する。
- 質問に対する答えは、[Yes, he(she, it) is.] か [No, he(she, it) isn't.] となる。

❁ パタン・プラクティス　CD 39

① Is that a train?	あれは電車ですか。
② Yes, it is.	はい、そうです。
③ Is this your chair?	これはあなたのいすですか。
④ No, it isn't.	いいえ、そうではありません。
⑤ Is Miss Tanaka in Osaka?	田中さんは大阪にいますか。
⑥ Yes, she is.	はい、います。
⑦ Is Ken a high school student?	ケンは高校生ですか。
⑧ No, he isn't.	いいえ、そうではありません。
⑨ Is your bag new?	あなたのかばんは新しいですか。
⑩ Yes, it is.	はい、そうです。

基本文の確認　□に英語を書きなさい。

これは図書館ですか。

☐　☐　a library?

[答え] Is　this　a library?

なぜだろう？何だろう？

Q Yes, it is. は Yes, it's. ではいけないのですか？

　Is that a train?　（あれは電車ですか。）
　Yes, it is.　（はい、そうです。）

A Yes, it's. はダメ。No, it isn't. はOK

　it is が文の最後に来ているときは短縮できません。ただし、isn't は文の最後でもOKです。ちなみに、No, he isn't. は No, he's not. と he is を短縮して言うこともできます。

　Is that a train?　（あれは電車ですか。）
　No, it isn't.　（いいえ、そうではありません。）
　Is Ken a high school student?　（ケンは高校生ですか。）
　No, he isn't. / No, he's not.　（いいえ、そうではありません。）

では質問。Is Mika kind? に対する No の答えを、短縮形を使って2通りで言うと？

[答え] No, she isn't. と No, she's not.

チェックテスト　次の日本文を英文に直しなさい。

（1）これはあなたのいすですか。

　　　　　　　　　　　　　　　　　　　　　　　　（➡ パタン・プラクティス③）

（2）いいえ、そうではありません。※(1)に対する答え

　　　　　　　　　　　　　　　　　　　　　　　　（➡ パタン・プラクティス④）

Lesson 19 Do you like music?

基本文 「□□は〜しますか。」（主語がyouと複数）

Do you like music?
あなた　好き　音楽

あなたは音楽が好きですか。

「基本文」の解説

- [Do you 動詞〜?] で「あなたは〜しますか。」という意味になる。
- 質問に対する答えは、[Yes, I do.] か [No, I don't.] となる。
- 主語が複数の場合、[Do 主語＋動詞〜?] で「□□は〜しますか。」という意味になる。
- 質問に対する答えは、[Yes, they do.] か [No, they don't.] となる。
  （自分が含まれる場合は、[Yes, we do.] か [No, we don't.] となる）

パタン・プラクティス

① **Do you like** cats? — あなたはネコが**好き**ですか。

② Yes, **I do**. — はい、好きです。

③ **Do you need** an umbrella? — あなたはかさが**必要**ですか。

④ No, **I don't**. — いいえ、必要ではありません。

⑤ Do **Jun and Lucy** play tennis? — **ジュンとルーシー**はテニスをしますか。

⑥ Yes, **they** do. — はい、します。

⑦ Do **the boys** study hard? — **その男の子たち**は熱心に勉強しますか。

⑧ No, **they** don't. — いいえ、しません。

⑨ Do **you and Ken** go to the store? — **あなたとケン**はその店に行きますか。

⑩ No, **we** don't. — いいえ、行きません。

基本文の確認　☐に英語を書きなさい。

あなたは音楽が好きですか。

☐ ☐ ☐ music?

[答え] Do you like music?

なぜだろう？何だろう？

Q an はどういうときに使うのですか？
Do you need an umbrella? （あなたはかさが必要ですか。）

A うしろの語句のはじめが母音のときは、an を使う

　an は a と同じ「1つの」の意味です。語句のはじめが母音（アルファベットでは a, e, i, o, u が表す音など）のときに an を使う。

　　an apple　　（リンゴ）
　　an egg　　　（たまご）
　　an inch　　　（インチ）
　　an orange　 （オレンジ）
　　an uncle　　（おじ）

では質問。I have (　) old car. の (　) に入るのは a それとも an ?

[答え] an（old の最初が母音だから）

チェックテスト　次の日本文を英文に直しなさい。

(1) あなたはネコが好きですか。

（→ パタン・プラクティス①）

(2) はい、好きです。※(1)に対する答え

（→ パタン・プラクティス②）

Lesson 20 Does Tom listen to music?

学習日	1回目	2回目	3回目
	/	/	/

🌸 基本文 「□□は〜しますか。」（主語が単数） CD42

Does Tom listen to music?	トムは音楽を聞きますか。
トム　　聞く　　　　音楽	

👉 基本文の解説

- 主語が I（私は）と you（あなたは）以外の単数の場合、［Does 主語＋動詞〜?］で「□□は〜しますか。」という意味になる。
- 質問に対する答えは、［Yes, he(she, it) does.］か［No, he(she, it) doesn't.］となる。

🌸 パタン・プラクティス　CD43

①	**Does Ken** play volleyball?	ケンはバレーボールをします**か**。
②	**Yes, he does.**	はい、します。
③	**Does Lucy** draw pictures?	ルーシーは絵を描きます**か**。
④	**No, she doesn't.**	いいえ、描きません。
⑤	**Does this bird** eat fish?	この鳥はさかなを食べます**か**。
⑥	**Yes, it does.**	はい、食べます。
⑦	**Does your father** like fishing?	あなたのお父さんは釣りが好きです**か**。
⑧	**Does Miss White** live here?	ホワイトさんはここに住んでいるのです**か**。
⑨	**Does Kate** like me?	ケイトは私のことが好きです**か**。
⑩	**Does that bus** go to the lake?	あのバスは湖まで行きます**か**。

基本文の確認　□に英語を書きなさい。

トムは音楽を聞きますか。

□ □ □ to music?

[答え] Does Tom listen to music?

なぜだろう？何だろう？

Q likeのあとの「私」にIを使わないのはなぜですか？
　Does Kate like me?（ケイトは私のことが好きですか。）

A 「私」を表す言葉は、主語ならI、目的語ならme

英語には文中の位置によって変化する単語があります。「私」を表す言葉は、主語のときはIですが、目的語のときはmeに変化します。目的語は動詞の直後に置く「〜を」にあたる語です。

	1人称		2人称		3人称			
	単数	複数	単数	複数	単数(男)	単数(女)	単数(もの)	複数(人・もの)
主語	I	we	you	you	he	she	it	they
目的語	me	us	you	you	him	her	it	them

では質問。This is Ken. I like ( ). ( )に入る語は？

[答え] him（こちらはケンです。私は彼のことが好きです。）

チェックテスト　次の日本文を英文に直しなさい。

(1) ルーシーは絵を描きますか。

（→ パタン・プラクティス③）

(2) いいえ、描きません。※(1)に対する答え

（→ パタン・プラクティス④）

Lesson 21 Can you write Japanese?

学習日	1回目	2回目	3回目
	/	/	/

❖ 基本文 「□□は〜できますか。」 CD44

Can you write Japanese? できる　あなた　書く　日本語	あなたは日本語を書くことができますか。

👉 基本文の解説

- [Can 主語＋動詞（原形）〜?] で「□□は〜できますか。」という意味になる。
- 質問に対する答えは、[Yes, I〔he, she など〕can.] か [No, I〔he, she など〕can't.] となる。
- [Can you 動詞〜?] は「〜してくれますか。」という意味にもなる（依頼）。
- [Can I 動詞〜?] は「〜してもいいですか。」という意味にもなる（許可）。

🌸 パタン・プラクティス CD45

① Can you play the piano?	あなたはピアノを弾くことができますか。
② Yes, I can.	はい、弾けます。
③ Can Tom swim fast?	トムは速く泳ぐことができますか。
④ No, he can't.	いいえ、できません。
⑤ Can Mr. Hill speak Chinese?	ヒルさんは中国語を話すことができますか。
⑥ No, he can't.	いいえ、できません。
⑦ Can you help me?	あなたは私を手伝うことができますか。 →私を手伝ってくれますか。
⑧ Sorry, I can't.	ごめん、できません。
⑨ Can I use this pen?	私はこのペンを使うことができますか。 →このペンを使ってもいいですか。
⑩ Sure.	いいですよ。

基本文の確認　　□に英語を書きなさい。

あなたは日本語を書くことができますか。

□ □ □ Japanese?

[答え] Can you write Japanese?

なぜだろう？何だろう？

Q [Can you ～?] の文の意味の違いはどうやって見わけるのですか？
　Can you play the piano?　（あなたはピアノを弾くことができますか。）
　Can you help me?　　　　（私を手伝ってくれますか。）

A 場面や状況により見わける

　パーティー会場で、ピアノが上手な人に［Can you play the piano?］と言えば、「ピアノを弾いてくれますか。」と頼む文になります。このように、同じ言葉でも場面や状況により意味が変わることがあります。言葉は生きているのです。たとえば、［Can you help me?］と頼まれたとき、［No, I can't.］と応答しても文法的には合っています。しかし、これではぶっきらぼうな断り方になってしまうので、［Sorry, I can't.］とSorryを付けて「手伝えずに申し訳ない」という気持ちを表します。手伝えない理由を述べるとさらによいのです。
　では、質問。教室で黒板の文字をノートに写すとき、友だちがあなたに［Do you have a pen?］と言ってきたとしたら、どんな意味？

[答え] ペンを貸してほしい。（質問した友だちがペンを持っていない場合）
　　　 ペンを貸そうか。（あなたがペンを持っていないで困っている場合）

チェックテスト　次の日本文を英文に直しなさい。

(1) トムは速く泳ぐことができますか。
_____
_____
_____

（→ パタン・プラクティス③）

(2) 私を手伝ってくれますか。
_____
_____
_____

（→ パタン・プラクティス⑦）

Lesson 22 Is Ken playing tennis?

学習日	1回目	2回目	3回目
	/	/	/

✤ 基本文 「□□は～しているところですか。」 CD 46

Is Ken playing tennis?	ケンはテニスをしているところですか。

ケン　している　テニス

👉 基本文の解説

- [be動詞(Am, Is, Are) + 主語 + 動詞のing形～?] で「□□は～しているところですか。」という意味になる（現在進行形については46ページを見よ）。
- 質問に対する答えは、[Yes, I am.] や [No, he isn't.] のようにbe動詞を使う。

❋ パタン・プラクティス　CD 47

①	Is Ted practicing the piano?	テッドはピアノを練習しているところですか。
②	Yes, he is.	はい、そうです。
③	Is Judy taking a bath?	ジュディは入浴しているところですか。
④	No, she isn't.	いいえ、そうではありません。
⑤	Is the dog sleeping?	その犬は寝ているのですか。
⑥	Yes, it is.	はい、そうです。
⑦	Are you writing a letter?	あなたは手紙を書いているところですか。
⑧	No, I'm not.	いいえ、そうではありません。
⑨	Are Ken and Miki studying in the library?	ケンとミキは図書館で勉強しているところですか。
⑩	Yes, they are.	はい、そうです。

基本文の確認　　□に英語を書きなさい。

ケンはテニスをしているところですか。

☐　　☐　　☐　tennis?

[答え] Is　Ken　playing　tennis?

なぜだろう？何だろう？

Q「東京に住んでいる」は「I am living in Tokyo.」と言ってはいけないのですか？
○　I live in Tokyo.　　（私は東京に住んでいます。）
×　I am living in Tokyo.

A 状態を表す動詞では現在進行形は使えない

　この場合、ふつうは現在進行形は使えません。liveという動詞は今も住んでいる意味を含む「状態を表す動詞」だからです。他にはlike（～が好きです）やlove（～を愛している）などが現在進行形では使えません。
　では質問。knowは現在進行形にできる？

[答え] できない（know（知っている）も状態を表す動詞だから）

チェックテスト　次の日本文を英文に直しなさい。

(1) ジュディは入浴しているところですか。

（→ パタン・プラクティス③）

(2) あなたは手紙を書いているところですか。

（→ パタン・プラクティス⑦）

章末テスト ③

日本文を英文に直しなさい。（1問10点）

(1) あなたはテニス部に入っていますか。

(➡ Lesson 16)

(2) ミキとケンはクラスメートですか。

(➡ Lesson 17)

(3) ケンは高校生ですか。

(➡ Lesson 18)

(4) あなたはかさが必要ですか。

(➡ Lesson 19)

(5) あなたのお父さんは釣りが好きですか。

(➡ Lesson 20)

(6) あなたはピアノを弾くことができますか。

(➡ Lesson 21)

(7) その犬は寝ているのですか。

(➡ Lesson 22)

応用問題 ③

日本文を英文に直しなさい。（1問10点）

（1）あなたは台所にいますか。

(→ Lesson 16 + α)

（2）その生徒たちは疲れていますか。

(→ Lesson 17 + α)

（3）これはあなたの本ですか。

(→ Lesson 18 + α)

（4）あなたはコンピュータを持っていますか。

(→ Lesson 19 + α)

（5）あなたのお母さんは動物が好きですか。

(→ Lesson 20 + α)

（6）ケンは速く走ることができますか。

(→ Lesson 21 + α)

（7）あなたの妹は絵を描いているところですか。

(→ Lesson 22 + α)

第4章

質問する②

Lesson 23 What is this?

学習日	1回目	2回目	3回目
	/	/	/

❖ 基本文 「もの」をたずねる文　CD 48

| What is this?
_{何　　　これ} | これは何ですか。 |

👉 基本文の解説

- what は「何か」「何が」「何を」をたずねるときに用いる語（疑問詞という）。
- what は文の最初におく。Whatのあとは第3章で学んだ質問の形が続く。

例 {
　Is this a pen ?　（これは ペン ですか。）
　What is this?　（これは 何 ですか。）
}

❂ パタン・プラクティス　CD 49

① **What is that**?　　　　　　　　　　あれは何ですか。

② **It is** a hospital.　　　　　　　　　（それは）病院です。

③ **What do you want**?　　　　　　　あなたは何がほしいですか。

④ **I want** a computer.　　　　　　　コンピュータがほしいです。

⑤ **What does Tom's father do**?　　トムのお父さんは何をしていますか。
　　　　　　　　　　　　　　　　　　　（職業は何ですか。）

⑥ **He teaches English at school.**　彼は学校で英語を教えています。

⑦ **What is your sister doing**?　　　あなたの妹は何をしているところですか。

⑧ **She is doing her homework.**　　彼女は宿題をしているところです。

⑨ **What is your favorite sport**?　　あなたの大好きなスポーツは何ですか。

⑩ **I love baseball.**　　　　　　　　私は野球が大好きです。

基本文の確認　□に英語を書きなさい。

これは何ですか。

What ☐ ☐ ?

[答え] What **is** **this** ?

なぜだろう？何だろう？

Q Tom's father の 's は何ですか？
　What does Tom's father do?　（トムのお父さんは何をしていますか。）

A 人を表す語について「○○の」という意味になる

　人を表す語に 's をつけると「○○の」という意味になります。記号（'）をアポストロフィと呼びます。
　　Mike's guitar　　（マイクのギター）
　　my sister's bag　（私の姉のかばん）
　　Mr. Brown's car　（ブラウンさんの自動車）
では質問。「その女の子たちのボール」はどう書く？

[答え] the girls' ball（girlsが複数で語尾がsなので、sのあとにアポストロフィだけを書く）

チェックテスト　次の日本文を英文に直しなさい。

（1）あなたは何がほしいですか。

（→ パタン・プラクティス③）

（2）あなたの妹は何をしているところですか。

（→ パタン・プラクティス⑦）

Lesson 24 When is your test?

基本文 「とき」をたずねる文 　CD 50

When is your test?
いつ　あなたの　テスト

あなたのテストはいつですか。

基本文の解説

- whenは「いつか」をたずねるときに用いる疑問詞。
- whenは文の最初におく。後ろには質問の形が続く。

パタン・プラクティス 　CD 51

① **When is your birthday?** 　　あなたの誕生日はいつですか。

② **It's** November 2nd. 　　１１月２日です。

③ **When do you study?** 　　あなたはいつ勉強しますか。

④ **I study** at night. 　　夜に勉強します。

⑤ **When does Jim play** tennis? 　　ジムはいつテニスをしますか。

⑥ **He plays** on Saturdays. 　　土曜日にします。

⑦ **When does the movie start?** 　　その映画はいつ始まりますか。

⑧ **It starts** at three. 　　３時に始まります。

⑨ **When can you come?** 　　あなたはいつ来ることができますか。

⑩ **I can come** tomorrow. 　　明日なら行けます。

基本文の確認　□に英語を書きなさい。

あなたのテストはいつですか。

□ □ your test?

[答え] When is your test?

なぜだろう？何だろう？

Q　「3時半」は何と言うのですか？
It starts at three.　（それは3時に始まります。）
It starts at three thirty.　（それは3時30分に始まります。）

A　時、分の順に数字を言う
時刻を表すには「短針（時）」「長針（分）」の順に数字を言えばOKです。
3時20分なら three twenty、3時40分なら three forty となります。
3時半は3時30分のことなので、three thirty と言えばよいのです。
では質問。3時25分は何と言う？

[答え] three twenty-five　（twenty (20) と five (5) の間を [-]（ハイフン）でつなげる）

チェックテスト　次の日本文を英文に直しなさい。

（1）あなたの誕生日はいつですか。

（→ パタン・プラクティス①）

（2）ジムはいつテニスをしますか。

（→ パタン・プラクティス⑤）

Lesson 25　Where is your computer?

基本文　「場所」をたずねる文　CD 52

Where is your computer?
どこ　あなたの　コンピュータ

あなたのコンピュータはどこにありますか。

基本文の解説

- where は「どこか」をたずねるときに用いる疑問詞。
- where は文の最初におく。後ろには質問の形が続く。

パタン・プラクティス　CD 53

① Where is the hospital?　　その病院はどこにありますか。
② It's near the station.　　それは駅の近くにあります。
③ Where are we?　　私たちはどこにいるのですか。
④ We are by the sea.　　私たちは海のそばにいます。
⑤ Where do you play tennis?　　あなたはどこでテニスをしますか。
⑥ I play in the park.　　私は公園でします。
⑦ Where does Lisa live?　　リサはどこに住んでいますか。
⑧ She lives in London.　　彼女はロンドンに住んでいます。
⑨ Where can I get this pen?　　このペンをどこで買えますか。
⑩ You can get one at that store.　　あの店で買うことができます。

基本文の確認　　□に英語を書きなさい。

あなたのコンピュータはどこにありますか。

☐　☐　your computer?

[答え] Where is your computer?

なぜだろう？何だろう？

Q one はどういうときに使うのですか？

Where can I get this pen?　（このペンをどこで買えますか。）
You can get one at that store.　（あの店で買うことができます。）

A 同じ種類のもので別のものを指すときに使う

　one は前に出てきた語の代わりに使います。ただし、this pen そのものではなく、（店で売っている）別のペンを指します。

This bike is new. That one is old.　　[This bike ≠ That one]
（この自転車は新しい。あの自転車は古い。）

one は bike の代わりに使っています。This bike と自転車という点では同じですが、別の自転車を指しています。ちなみに、まったく同じものを指すときは it を使います。

This bike is new. It is good.　　　[This bike ＝ It]
（この自転車は新しい。それは良い。）

では質問。My cell phone is old. I want a new one. の one は何を指す？

[答え] cell phone（私の携帯電話は古いです。新しいの（新しい携帯電話）がほしいです。）

チェックテスト　次の日本文を英文に直しなさい。

(1) その病院はどこにありますか。

（→ パタン・プラクティス①）

(2) このペンをどこで買えますか。

（→ パタン・プラクティス⑨）

Lesson 26 Who are you?

学習日	1回目	2回目	3回目
	/	/	/

❖ 基本文 「人」をたずねる文　　CD 54

Who are you? 　だれ　　　あなた	あなたはだれですか。

👉 基本文の解説

- who は「だれか」「だれが」をたずねるときに用いる疑問詞。
- who は文の最初におく。後ろには質問の形が続く。
- who が主語になるときは（下の⑦と⑨）、［Who ＋動詞～?］の語順となる。

❀ パタン・プラクティス　　CD 55

① **Who is** that man? 　　　　　　　あの男性はだれですか。

② **He is** my uncle. 　　　　　　　　彼は私のおじです。

③ **Who is** Mrs. White? 　　　　　　ホワイト夫人ってだれですか。

④ **She is** my mother's friend. 　　　彼女は母の友だちです。

⑤ **Who is** your favorite singer? 　　あなたの大好きな歌手はだれですか。

⑥ I like John. 　　　　　　　　　　　私はジョンが好きです。

⑦ **Who plays** tennis? 　　　　　　　だれがテニスをしますか。

⑧ Ken does. 　　　　　　　　　　　　ケンがします。

⑨ **Who is** in the music room? 　　　だれが音楽室にいるのですか。

⑩ Mr. Baker is. 　　　　　　　　　　ベーカー先生です。

基本文の確認　☐に英語を書きなさい。

あなたはだれですか。

☐ ☐ you?

[答え] Who are you?

なぜだろう？何だろう？

Q Ken does. の does についてもっと教えてください。
　　Who plays tennis?　（だれがテニスをしますか。）
　　Ken does.　　　　（ケンがします。）

A does は plays tennis の代わりに使われている

　ここでは、Ken plays tennis.（ケンがテニスをします。）と答えるとくどい言い方になるので、Ken does. と答えています。Ken が3人称単数なので、do ではなく、does を使っています。「私がします。」なら I do. となります。
　この do や does は、[Do you play tennis?][Does Ken play tennis?] の Do や Does とは異なります。疑問文の文頭で使う do や does は、質問しているということを表すための単なる「しるし」であると考えてください。
　では質問。My sister swims. I do, too. の do はどういう意味？

[答え] 泳ぐ（swim の代わりに使っている。「私の姉は泳ぐ。私も泳ぐ。」）

チェックテスト　次の日本文を英文に直しなさい。

（1）あの男性はだれですか。

（➡ パタン・プラクティス①）

（2）あなたの大好きな歌手はだれですか。

（➡ パタン・プラクティス⑤）

Lesson 27 What sports do you play?

学習日	1回目	2回目	3回目
	/	/	/

🌼 基本文 「何の（どんな）○○」をたずねる文　CD 56

What sports do you play? 何　　スポーツ　　あなた　する	あなたは何のスポーツをしますか。

👉 基本文の解説

- whatのあとに名詞を続けると「何の○○」をたずねることができる。
- ［What ＋ 名詞 ＋ 質問の形〜？］の語順となる。

🌸 パタン・プラクティス　CD 57

① **What color** do you like?	あなたは**何色**が好きですか。
② I like yellow.	私は黄色が好きです。
③ **What day** is it?	**何曜日**ですか。
④ It's Friday.	金曜日です。
⑤ **What languages** do you speak?	あなたは**何語**を話しますか。
⑥ I speak English and French.	私は英語とフランス語を話します。
⑦ **What time** is it?	**何時**ですか。
⑧ It's five o'clock.	5時です。
⑨ **What time** do you go to bed?	あなたは**何時**に寝ますか。
⑩ I go to bed at eleven.	私は11時に寝ます。

基本文の確認　☐に英語を書きなさい。

あなたは何のスポーツをしますか。

☐ ☐ do you play?

[答え] What sports do you play?

なぜだろう？何だろう？

Q o'clockって何ですか？
　It's five o'clock.（5時です。）

A 「〜時ちょうど」のときだけ使われる語
　時刻が「〜時ちょうど」のときに、数字のあとに o'clock をつけて言います。o'clock をつけないで、It's five. と言っても OK です。
　では質問。「10時です。」を英語で言うと？

[答え] It's ten o'clock.

チェックテスト　次の日本文を英文に直しなさい。

(1) 何曜日ですか。

　　　　　　　　　　　　　　　　　　　　　　（→ パタン・プラクティス③）

(2) あなたは何語を話しますか。

　　　　　　　　　　　　　　　　　　　　　　（→ パタン・プラクティス⑤）

Lesson 28 How old is this building?

学習日	1回目	2回目	3回目
	/	/	/

基本文 「状態」をたずねる文 CD 58

How old is this building?
どのくらい　古い　この　建物

この建物はどのくらい古いですか。

基本文の解説

- howは「どんな状態か」「どのくらいか」をたずねるときに用いる疑問詞。
- howのあとに「古さ」「量」「数」などを表す語句を続けることもできる。
  例） how old（どれくらい古いか、何歳か）　　how much（どれくらいの量か、いくらか）
  how many＋名詞の複数形（いくつの○○か）

パタン・プラクティス CD 59

① **How** is your mother?　　あなたのお母さんの具合(ぐあい)はどうですか。

② She's fine.　　母は元気です。

③ **How** is the weather?　　天気はどうですか。

④ It's sunny.　　晴れです。

⑤ **How old** are you?　　あなたは何歳ですか。

⑥ I'm ten years old.　　私は10歳です。

⑦ **How much** is this shirt?　　このシャツはいくらですか。

⑧ It's 2,500 yen.　　それは2,500円です。

⑨ **How many dogs** does Ken have?　　ケンは何匹の犬を飼っていますか。

⑩ He has two dogs.　　ケンは2匹の犬を飼っています。

基本文の確認　　□に英語を書きなさい。

この建物はどのくらい古いですか。

[　　] [　　] is this building?

[答え] How　old　is this building?

なぜだろう？何だろう？

Q is の短縮形について教えてください。
　She's fine.（彼女は元気です。）
　It's sunny.（晴れです。）

A 話し言葉ではよく短縮形が使われる
　she's = she is　　it's = it is　　Tom's = Tom is
　what's = what is　when's = when is　where's = where is
　how's = how is　　who's = who is

では質問。How is the weather? の is を短縮すると？

[答え] How's the weather?

チェックテスト　次の日本文を英文に直しなさい。

(1) あなたは何歳ですか。

（→ パタン・プラクティス⑤）

(2) ケンは何匹の犬を飼っていますか。

（→ パタン・プラクティス⑨）

Lesson 29 Whose is this?

基本文 「だれの」「どちらの」をたずねる文 　CD 60

Whose is this? 　　これはだれのものですか。
 だれのもの　これ

基本文の解説

- whose は「だれのか」、which は 2 つ以上のうちの「どちらか」をたずねる疑問詞。
- whose(which) のあとに名詞を続けると、「だれの(どの)〜」という意味になる。
  例) Whose car（だれの車か）　　　Which racket（どっちのラケットか）

パタン・プラクティス 　CD 61

① **Whose** is that? 　　あれは**だれのもの**ですか。

② It's my bike. 　　それは私の自転車です。

③ **Whose car** is that? 　　あれは**だれの車**ですか。

④ It's mine. 　　それは私のものです。

⑤ **Whose picture** do you like? 　　あなたは**だれの絵**が好きですか。

⑥ I like Mr. Green's picture. 　　私はグリーン氏の絵が好きです。

⑦ **Which** is your bag? 　　あなたのかばんは**どちら**ですか。

⑧ The black one is. 　　黒いのです。

⑨ **Which racket** can I use? 　　**どっちのラケット**を使うことができますか。

⑩ You can use this one. 　　こっちのを使ってください。

基本文の確認 　　　　に英語を書きなさい。

これはだれのものですか。

☐ ☐ this?

[答え] Whose is this?

なぜだろう？何だろう？

Q 持ち主の言い方を教えてください
　It's my bike. （それは私の自転車です。）
　It's mine. （それは私のものです。）

A うしろに名詞をおくmy（私の）と単独で使うmine（私のもの）

　Whoseと同じように、my＋名詞（私の○○）と、単独で使われるmine（私のもの）の2通りの言い方があります。myはあとに名詞を置かなければ使えない単語です。mineは1語だけで使う単語です。Mike'sも、あとに名詞を置いてMike's bike「マイクの自転車」と、Mike'sのみで「マイクのもの」の2通りの使い方があります。

　Your dog（あなたの犬）　　　yours（あなたのもの）
　his dog（彼の犬）　　　　　his（彼のもの）
　her dog（彼女の犬）　　　　hers（彼女のもの）
　their dog（彼らの犬）　　　theirs（彼らのもの）

では質問。This car is Tom's father's. の意味は？

[答え] この車はトムのお父さんのものです。

チェックテスト　次の日本文を英文に直しなさい。

(1) あれはだれのものですか。

　　　　　　　　　　　　　　　　　　　　（→パタン・プラクティス①）

(2) あなたのかばんはどちらですか。

　　　　　　　　　　　　　　　　　　　　（→パタン・プラクティス⑦）

章末テスト ④

➡ 解答は116ページ

日本文を英文に直しなさい。（1問10点）

（1）あなたの大好きなスポーツは何ですか。

(➡ Lesson 23)

（2）あなたはいつ勉強しますか。

(➡ Lesson 24)

（3）私たちはどこにいるのですか。

(➡ Lesson 25)

（4）だれが音楽室にいるのですか。

(➡ Lesson 26)

（5）何時ですか。

(➡ Lesson 27)

（6）天気はどうですか。

(➡ Lesson 28)

（7）あなたはだれの絵が好きですか。

(➡ Lesson 29)

応用問題 ④

日本文を英文に直しなさい。（1問10点）

(1) あの男性は何をしているところですか。

(➡ Lesson 23 + α)

(2) あなたはいつピアノを練習しますか。

(➡ Lesson 24 + α)

(3) その駅はどこにありますか。

(➡ Lesson 25 + α)

(4) あなたの大好きなサッカー選手はだれですか。

(➡ Lesson 26 + α)

(5) あなたのお父さんは何時に昼食を食べますか。

(➡ Lesson 27 + α)

(6) あなたはハンバーガーをいくつほしいですか。

(➡ Lesson 28 + α)

(7) これはだれのかさですか。

(➡ Lesson 29 + α)

第5章

過去のことを述べる

Lesson 30 I played tennis.

学習日	1回目	2回目	3回目
	/	/	/

❖ 基本文 「□□は〜しました。」 CD 62

| I played tennis.
私は　した　テニス | 私はテニスをしました。 |

👉 基本文の解説

- 「〜しました」と過去のことを言うときは、動詞が変化する（動詞の過去形という）。
- 動詞の過去形には、語尾にedをつける規則動詞と違う形に変わる不規則動詞がある。
  - 例）play（〜をする）→ played（〜をした）　　go（行く）→ went（行った）
- edの発音は3種類あるので、パタン・プラクティスで聞き分けよう。

❖ パタン・プラクティス　CD 63

① I **used** this camera.	私はこのカメラを**使いました**。
② Ken **studied** math.	ケンは数学を**勉強**しました。
③ I **watched** TV.	私はテレビを**見ました**。
④ My sister **walked** to school.	私の姉は学校に**歩いて行きました**。
⑤ I **wanted** the bag.	私はそのカバンが**欲しかった**。
⑥ Mr. Hill **visited** Kyoto.	ヒルさんは京都を**訪れました**。
⑦ I **went** to Canada.	私はカナダへ**行きました**。
⑧ Ami and Ken **came** to my party.	アミとケンは私のパーティーに**来ました**。
⑨ They **had** dinner.	彼らは夕食を**食べました**。
⑩ My mother **made** a cake.	私の母はケーキを**作りました**。

基本文の確認　□に英語を書きなさい。

私はテニスをしました。

I □ tennis.

[答え] I **played** tennis.

なぜだろう？何だろう？

Q 動詞の過去形をもっと教えてください

A 『反復基礎』に出てきた動詞の過去形をまとめます

＜規則動詞＞

原形	意味	過去形
call	電話する	called
dance	踊る	danced
listen	聞く	listened
live	住んでいる	lived
need	必要とする	needed
play	遊ぶ、演奏する	played
study	勉強する	studied
visit	訪れる	visited
watch	見る	watched
work	働く	worked

＜不規則動詞＞

原形	意味	過去形
come	来る	came
do	する	did
go	行く	went
have	持っている	had
know	知っている	knew
make	つくる	made
read	読む	read
speak	話す	spoke
take	とる	took
write	書く	wrote

チェックテスト　次の日本文を英文に直しなさい。

（1）私はこのカメラを使いました。

（→ パタン・プラクティス①）

（2）私はカナダへ行きました。

（→ パタン・プラクティス⑦）

Lesson 31 I didn't play tennis.

✤ 基本文 「□□は～しませんでした。」 CD 64

I didn't play tennis.
私は しなかった する テニス

私はテニスをしませんでした。

☞ 基本文の解説

- 動詞の前にdidn'tをおくと「～しませんでした。」という意味になる。
- [主語＋didn't＋動詞（原形）～.]の語順。didn'tはdid notの短縮形。
- 過去のことを質問するときは、doやdoesの代わりにdidをおく。
- [Did＋主語＋動詞（原形）～.]や[疑問詞＋did＋主語＋動詞（原形）～.]の語順。

✿ パタン・プラクティス CD 65

① I didn't close the door. 　　　私はドアを閉めませんでした。

② We didn't watch TV. 　　　私たちはテレビを見ませんでした。

③ Ken didn't drink tea. 　　　ケンは紅茶を飲みませんでした。

④ I didn't come by train. 　　　私は電車で来ませんでした。

⑤ Did you have breakfast? 　　　あなたは朝食を食べましたか。

⑥ Yes, I did. 　　　はい、食べました。

⑦ Did Jim do his homework? 　　　ジムは宿題をしましたか。

⑧ No, he didn't. 　　　いいえ、しませんでした。

⑨ What time did you get up? 　　　あなたは何時に起きましたか。

⑩ I got up at seven. 　　　7時に起きました。

基本文の確認　□に英語を書きなさい。

私はテニスをしませんでした。

I □ □ tennis.

[答え] I didn't play tennis.

なぜだろう？何だろう？

Q「～しませんでした。」と過去のことを言うのに、動詞にedをつけなくてもよいのですか？

I played tennis.　　　（私はテニスをしました。）
I didn't play tennis.　（私はテニスをしませんでした。）
Did you play tennis?　（あなたはテニスをしましたか。）

A did があるときは、動詞は原形（変化する前の形）になる

didという単語を使うと動詞にedをつけなくてもよくなります。そういえば、didには過去を表す /d/ の音が入っていますね。これは、主語が3人称単数のときのs（またはes）とdoesの関係と同じです。

He plays tennis.　　　（彼はテニスをします。）
He doesn't play tennis.（彼はテニスをしません。）
Does he play tennis?　（彼はテニスをしますか。）

では質問。I studied English. を「英語は勉強しなかった」に直すと？

[答え] I didn't study English.

チェックテスト　次の日本文を英文に直しなさい。

(1) ケンは紅茶を飲みませんでした。

（→ パタン・プラクティス③）

(2) あなたは朝食を食べましたか。

（→ パタン・プラクティス⑤）

Lesson 32 動詞の変化のまとめ

| 学習日 | 1回目 | 2回目 | 3回目 |

❋ 基本文　CD 66

I play tennis.	私はテニスをします。
I played tennis.	私はテニスをしました。
I am playing tennis.	私はテニスをしているところです。

☞ 基本文の解説

- 動詞の変化のおさらいです。これまで学習したことを整理しましょう。

❋ パタン・プラクティス　CD 67

① I **study** English.　　　私は英語を**勉強**します。

② My sister **studies** English.　　　私の姉は英語を**勉強**します。

③ I **can play** the piano.　　　私はピアノを**弾くことができます**。

④ I **am playing** the piano.　　　私はピアノを**弾いているところです**。

⑤ Miki **goes** to the store.　　　ミキはその店に**行きます**。

⑥ Miki **doesn't go** to the store.　　　ミキはその店に**行きません**。

⑦ Miki **went** to the store.　　　ミキはその店に**行きました**。

⑧ Miki **didn't go** to the store.　　　ミキはその店に**行きませんでした**。

⑨ Ken **can speak** English.　　　ケンは英語を**話すことができます**。

⑩ Ken **is speaking** English.　　　ケンは英語を**話しています**。

練習問題 次の□に動詞を入れなさい。ただし、1語とは限らない。

(1) マイクはその店に行きます。
Mike ____ to the store.

(2) マイクはその店に行きました。
Mike ____ to the store.

(3) 私の父はとても上手に料理をすることができます。
My father ____ very well.

(4) 私の父は台所で料理をしているところです。
My father ____ in the kitchen.

(5) 私の姉は料理をしません。
My sister ____ .

(6) 私たちはギターを弾きます。
We ____ the guitar.

(7) 私たちはギターを弾いているところです。
We ____ the guitar.

(8) 私たちはギターを弾きませんでした。
We ____ the guitar.

(9) マイクは中国語を話すことができません。
Mike ____ Chinese.

(10) マイクは日本語を話します。
Mike ____ Japanese.

最終確認テスト

　最終確認テストでは、この本で学んだ基本文、パタン・プラクティスの例文をもう一度おさらいします。きちんと覚えられたかどうか、このテストで確認しておきましょう。テストは2回分用意してあります。

1 ● 肯定文と否定文
　第1章、第2章、第5章で学んだ内容からの出題です。
　肯定文は「～です」「～します」「～います」「～しました」など。
　否定文は「～ではありません」「～しません」「～しませんでした」など。

2 ● 質問文と応答文
　第3章、第4章、第5章で学んだ内容からの出題です。
　「～ですか」「～しますか」などの質問とそれに対する答えを確認します。

　各テストは全部で20問。1問5点で100点満点です。答え合わせをしたら、次の手順に従ってください。

① 満点だった人
　おめでとう！　本書は卒業です。英語の基礎が身についたあなたは、次のステップである『本多式中学英語マスター　短文英単語』に進んでください。

② 満点ではなかった人
　できなかった問題は、そのレッスンに戻ってもう一度復習しましょう。どの問題がどのレッスンに対応しているか載せてあるので、それを参考にしてください。
　『反復基礎』で学ぶのは、すべての英語の土台となる大切な内容です。満点をとれるまで何度もくり返して学習してください。

最終確認テスト ❶
肯定文と否定文

➡ 解答は117ページ

学習日	1回目	2回目	3回目
	／	／	／
得点	／100	／100	／100

日本文を英文に直しなさい。（1問5点）

（1）私は12歳です。

(➡ Lesson 1)

（2）私はリンゴが好きです。

(➡ Lesson 2)

（3）私は携帯電話を使います。

(➡ Lesson 3)

（4）私は東京に住んでいます。

(➡ Lesson 4)

（5）私はマンガを読みません。

(➡ Lesson 5)

（6）私は疲れていません。

(➡ Lesson 6)

（7）私はピアノを弾くことができます。

(➡ Lesson 7)

(8) 私は踊れません。

(→ Lesson 7)

(9) アミとケンは私のパーティーに来ました。

(→ Lesson 30)

(10) 私は電車で来ませんでした。

(→ Lesson 31)

(11) こちらは私の友だちです。

(→ Lesson 8)

(12) 彼女の名前はマイです。

(→ Lesson 8)

(13) 私の母はとても上手に料理します。

(→ Lesson 9)

(14) 彼らはとても背が高いです。

(→ Lesson 10)

(15) 私の姉妹は台所にいます。

(➡ Lesson 11)

(16) トムは本を読んでいます。

(➡ Lesson 12)

(17) エマとケンはここにはいません。

(➡ Lesson 13)

(18) ケンはその知らせを知りません。

(➡ Lesson 14)

(19) ケンは数学を勉強しました。

(➡ Lesson 30)

(20) 私たちはテレビを見ませんでした。

(➡ Lesson 31)

最終確認テスト ❷
質問文と応答文

日本文を英文に直しなさい。（1問5点）

(1) あなたは東京出身ですか。

　　いいえ、そうではありません。

（➡ Lesson 16）

(2) その男の子たちは日本人ですか。

　　いいえ、そうではありません。

（➡ Lesson 17）

(3) あれは電車ですか。

　　はい、そうです。

（➡ Lesson 18）

(4) その男の子たちは熱心に勉強しますか。

　　いいえ、しません。

（➡ Lesson 19）

（5）ケンはバレーボールをしますか。

　　　はい、します。

（→ Lesson 20）

（6）ルーシーは絵を描きますか。

　　　いいえ、描きません。

（→ Lesson 20）

（7）この鳥はさかなを食べますか。

　　　はい、食べます。

（→ Lesson 20）

（8）このペンを使ってもいいですか。

　　　いいですよ。

（→ Lesson 21）

(9) テッドはピアノを練習しているところですか。

はい、そうです。

(➡ Lesson 22)

(10) ジムは宿題をしましたか。

いいえ、しませんでした。

(➡ Lesson 31)

(11) あれは何ですか。

病院です。

(➡ Lesson 23)

(12) その映画はいつ始まりますか。

3時に始まります。

(➡ Lesson 24)

(13) リサはどこに住んでいますか。

　　　彼女はロンドンに住んでいます。

(➡ Lesson 25)

(14) ホワイト夫人ってだれですか。

　　　彼女は母の友だちです。

(➡ Lesson 26)

(15) だれがテニスをしますか。

　　　ケンがします。

(➡ Lesson 26)

(16) あなたは何時に寝ますか。

　　　私は11時に寝ます。

(➡ Lesson 27)

(17) このシャツはいくらですか。

　　　それは 2,500 円です。

(→ Lesson 28)

(18) あれはだれの車ですか。

　　　それは私のものです。

(→ Lesson 29)

(19) どっちのラケットを使うことができますか。

　　　こっちのを使ってください。

(→ Lesson 29)

(20) あなたは何時に起きましたか。

　　　7時に起きました。

(→ Lesson 31)

解 答 篇

- ▶ 練習問題　　　　　　　（112ページ）
- ▶ 章末テスト＆応用問題　（113ページ）
- ▶ 最終確認テスト　　　　（117ページ）

練習問題 Lesson 15 → 53ページ

(1) Lucy [is] on the bed.
(2) Lucy and I [are] classmates.
(3) Those [are] my students.
(4) I [am] not sleepy.
(5) We [are] basketball fans.
(6) You [are] a good soccer player.
(7) My brothers [are] in the kitchen.
(8) His name [is] Kenta.
(9) Miki and Lucy [are] good friends.
(10) Mr. Brown [is] a music teacher.

練習問題 Lesson 32 → 99ページ

(1) Mike [goes] to the store.
(2) Mike [went] to the store.
(3) My father [can cook] very well.
(4) My father [is cooking] in the kitchen.
(5) My sister [doesn't cook] .
(6) We [play] the guitar.
(7) We [are playing] the guitar.
(8) We [didn't play] the guitar.
(9) Mike [can't speak] Chinese.
(10) Mike [speaks] Japanese.

章末テスト ① → 34ページ

(1) I am a junior high school student.

(2) I like summer.

(3) I study science.

(4) I swim in the sea.

(5) I don't live in Tokyo.

(6) I am not hungry.

(7) I can't read this book.

応用問題 ① → 35ページ

(1) I am a basketball fan.

(2) I like tea.

(3) I play the guitar.

(4) I go to Japan.

(5) I don't come by bike.

(6) I am not fine.

(7) I can use a computer.

章末テスト ❷ → 54ページ

(1) She is kind to everyone.

(2) He uses this chair.

(3) My sisters are college students.

(4) My dog is under the table.

(5) My mother is cooking in the kitchen.

(6) They aren't in the science club.

(7) This dog doesn't drink milk.

応用問題 ❷ → 55ページ

(1) This guitar is mine.

(2) My sister studies English.

(3) Tom and I are high school students.

(4) My cell phone is on the table.

(5) We are listening to music.

(6) My father isn't a teacher.

(7) Jim doesn't play the piano.

章末テスト ③ →72ページ

(1) Are you on the tennis team?

(2) Are Miki and Ken classmates?

(3) Is Ken a high school student?

(4) Do you need an umbrella?

(5) Does your father like fishing?

(6) Can you play the piano?

(7) Is the dog sleeping?

応用問題 ③ →73ページ

(1) Are you in the kitchen?

(2) Are the students tired?

(3) Is this your book?

(4) Do you have a computer?

(5) Does your mother like animals?

(6) Can Ken run fast?

(7) Is your sister drawing a picture?

章末テスト ④ →90ページ

（1）What is your favorite sport?

（2）When do you study?

（3）Where are we?

（4）Who is in the music room?

（5）What time is it?

（6）How is the weather?

（7）Whose picture do you like?

応用問題 ④ →91ページ

（1）What is that man doing?

（2）When do you practice the piano?

（3）Where is the station?

（4）Who is your favorite soccer player?

（5）What time does your father have(eat) lunch?

（6）How many hamburgers do you want?

（7）Whose umbrella is this?

最終確認テスト ① 肯定文と否定文 → 102ページ

(1) I am twelve.　(I am = I'm)

(2) I like apples.

(3) I use a cell phone.

(4) I live in Tokyo.

(5) I don't read comics.　(don't = do not)

(6) I am not tired.　(I am = I'm)

(7) I can play the piano.

(8) I can't dance.　(can't = can not / cannot)

(9) Ami and Ken came to my party.

(10) I didn't come by train.　(didn't = did not)

(11) This is my friend.

(12) Her name is Mai.

(13) My mother cooks very well.

(14) They are very tall.

(15) My sisters are in the kitchen.

(16) Tom is reading a book.

(17) Emma and Ken aren't here.　(aren't = are not)

(18) Ken doesn't know the news.　(doesn't = does not)

(19) Ken studied math.

(20) We didn't watch TV.　(didn't = did not)

最終確認テスト② 質問文と応答文 ➡ 105ページ

(1) Are you from Tokyo?

No, I'm not.　(I'm = I am)

(2) Are the boys Japanese?

No, they aren't.　(they aren't = they're not / they are not)

(3) Is that a train?

Yes, it is.

(4) Do the boys study hard?

No, they don't.　(don't = do not)

(5) Does Ken play volleyball?

Yes, he does.

(6) Does Lucy draw pictures?

No, she doesn't.　(doesn't = does not)

(7) Does this bird eat fish?

Yes, it does.

(8) Can I use this pen?

Sure.

(9) Is Ted practicing the piano?

Yes, he is.

(10) Did Jim do his homework?

No, he didn't.　(didn't = did not)

(11) What is that?　(What is = What's)

It is a hospital.　(It is = It's)

(12) When does the movie start?

It starts at three.

(13) Where does Lisa live?

　　　She lives in London.

(14) Who is Mrs. White?　　(Who is = Who's)

　　　She's my mother's friend.　　(She's = She is)

(15) Who plays tennis?

　　　Ken does.

(16) What time do you go to bed?

　　　I go to bed at eleven.

(17) How much is this shirt?

　　　It's 2,500 yen.　　(It's = It is)

(18) Whose car is that?

　　　It's mine.　　(It's = It is)

(19) Which racket can I use?

　　　You can use this one.

(20) What time did you get up?

　　　I got up at seven.

本多敏幸（ほんだ・としゆき）

1959年東京都生まれ。武蔵大学人文学部欧米文化学科卒業。東京学芸大学大学院教育学研究科英語教育専攻修士課程修了。公立の中学校の英語教諭として、ELEC同友会英語教育学会、英語授業研究学会、東京都教育委員会などで教材や指導方法などの研究開発や教育研修プログラムにたずさわってきた。2007年4月より、公立中高一貫校である東京都・千代田区立九段中等教育学校の教諭をつとめている。
http://homepage3.nifty.com/toshiyuki-honda/
E-mail ZUK11064@nifty.com

編集協力	田中幸宏
CD制作	（株）東京録音
ミキサー	服部 寛
英文朗読	ダリオ
本文デザイン・DTP	浦郷和美
装幀	坂田政則

未来を切り開く学力シリーズ
本多式 中学英語マスター　反復基礎

2008年3月1日　第1刷

著　者	本多敏幸
発行者	木俣正剛
発行所	株式会社 文藝春秋
	東京都千代田区紀尾井町3-23（〒102-8008）
	電話（03）3265-1211
印　刷	大日本印刷
製本所	DNP製本

・定価はカバーに表示してあります。
・万一、落丁乱丁の場合は送料当社負担でお取替えいたします。
　小社製作部宛お送りください。

©Toshiyuki Honda 2008　Printed in Japan　ISBN 978-4-16-369990-5